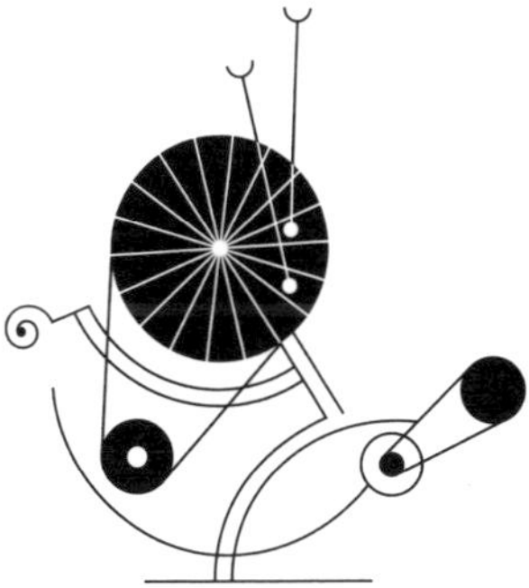

Kleine Basler Kunstgeschichte

Jana Lucas

Christoph Merian Verlag

Inhalt

Einleitung: Basler Kunstgeschichten

Kunstwerke sind wie Menschen – es braucht Zeit, um sie kennenzulernen. Statistiken besagen jedoch, dass wir in Museen durchschnittlich nur 27,2 Sekunden vor einem Bild verweilen. Dabei wären 27 Minuten geeigneter, um einem Gemälde oder einer Installation zu begegnen. Wenn Gruppen bei Kunsttouren und Kursen mit mir Gemälde erkunden, kommt es vor, dass sich die Teilnehmenden weit über eine Stunde in ein angeregtes Gespräch über ein einziges Werk vertiefen. Denn nach längerer Zeit der Betrachtung sieht man neue Dinge in einer Landschaft, in einem Porträt, es eröffnen sich neue Bezüge in gemalten Strukturen oder in der Begegnung mit einem Körper, einer überraschenden Form.

Kunstwerke bieten die Möglichkeit, sich selbst und andere(s) neu zu erfahren. Wenn der Titel des Buches in Ihrer Hand auch mit ‹klein› beginnt: Die

25 Texte zu ausgewählten Werken führen selektiv und konzentriert ein in die grosse Geschichte der Kunst in Basel.

Mittelalterliches Flair und zeitgenössische Kunst. Die physische Präsenz und der Zauber, der Kunstwerken innewohnt, machen sie zu Gucklöchern in die Lebensumstände vergangener Zeiten und lassen – wie in diesem Buch – einige Konturen der Geschichte Basels sichtbar werden. Die Stadt mit ihrem mittelalterlichen Flair feiert die zeitgenössische Kunst – eine einzigartige Melange, nicht nur, weil sich alljährlich im Juni die internationale Kunstszene zur Art Basel einfindet, der grössten Kunstmesse der Welt. Basel gilt als heimliche Kunsthauptstadt Europas, hiess es in der Wochenzeitung ‹Die Zeit›. Denn in Basel herrscht eine aussergewöhnliche Symbiose von Kunstschaffenden, Galerien, Ausstellungen und Gönnerschaft. Seit dem Mittelalter fördern private Mäzeninnen und Mäzene sowie Unternehmen, Stadt und Kirche Künstlerinnen und Künstler in ausserordentlicher Weise. So treffen heute in Basel mehr als 30 Museen, dazu Privat- und Unternehmenssammlungen, Galerien, Offspaces sowie Kunst im öffentlichen Raum zusammen. Mit der Auswahl in der vorliegenden ‹Kleinen Basler Kunstgeschichte› soll den unterschiedlichen Orten der Kunst genauso Rechnung getragen werden wie der Vielfalt an Medien und Gattungen. Sie reichen von der manuell ausgeführten Wollstickerei aus dem 16. Jahrhundert bis zur Grossplastik der Gegenwart, gefertigt mit computergestützten Verfahren. Im Buch reihen sich die Werke nicht chronologisch aneinander, sondern sie sind so geordnet, dass sich auch durch die Zeiten hinweg unerwartete Bezüge eröffnen.

Kunstwerke mit lebensrelevanten Fragen. Die subjektiv getroffene Wahl aus der Fülle grandioser Werke erzählt unter anderem die Geschichten eines königlichen Powerpaars, einer wohlhabenden Mäzenin, einer 14-jährigen Bürgertochter, eines ehrgeizigen Malergesellen, eines multimedial arbeitenden Performerinnenpaars sowie einer burgundischen Herzogin. Die Kunstwerke in diesem Buch sind in elf Jahrhunderten entstanden; dennoch befassen sie sich mit ähnlichen, lebensrelevanten Fragen: Worin besteht der Sinn des Lebens? Wer bin ich und wofür stehe ich? Sie berichten von persönlichen Herausforderungen genauso wie von erotischen Begegnungen oder von der Poesie mechanischer Spiele. Sie erinnern an identitätsstiftende und bewegende Ereignisse der Stadtgeschichte.

Bis ins 19. Jahrhundert präsentieren die Werke in der Regel die Lebenswelt einer wirtschaftlichen, geistigen und herrschaftlichen Elite. Auch bei den modernen und zeitgenössischen Kunstwerken schwingt jeweils die Frage mit, wer mit welcher Absicht die Kunstwerke finanziert. Und häufig zeigt sich, dass Kunst politisch ist, wo man es nicht vermutet hätte.

Seit dem 19. Jahrhundert dienten die Allgemeine Gewerbeschule (gegründet 1796) und später die Hochschule für Gestaltung und Kunst als Ausgangspunkt für zahlreiche künstlerische Berufswege, die des Öfteren in internationale Karrieren mündeten. Ebenso prägten das Kunstmuseum Basel sowie die Kunsthalle Basel insbesondere die nach 1900 geborenen Künstlerinnen und Künstler mit Ausstellungen von damals aktuellster Kunst, beispielsweise von Edvard Munch oder Ernst Ludwig Kirchner.

Kunstbetrachtung leicht gemacht. Wie nähert man sich den Gemälden, textilen Bildern, Zeichnungen, Skulpturen, Brunnen und Installationen? Am besten gehen Sie zum Original. Mithilfe der einführenden Essays wird es Ihnen schnell gelingen, mit den Kunstwerken in einen Dialog zu treten. Erfrischender als allein ist es, wenn Sie sich zu zweit oder mit einer Gruppe auf den Weg zu einem Bild oder einer Skulptur machen und sich gegenseitig von Ihren Seheindrücken berichten. Ob in meditativer Ruhe oder im Austausch mit Freund:innen – um mit einem Kunstwerk in ein vertieftes Gespräch zu kommen, können folgende Fragen als Einstieg dienen:

→ Was fällt Ihnen zuerst auf?
→ Was ist dargestellt?
→ Wie fühlen sich die Oberflächen einzelner Gegenstände, Stoffe oder Personen an?
→ Wie klingt, was Sie sehen? Wie riecht es?
→ Wie verändert sich das Kunstwerk, wenn Sie Ihre Position ändern?
→ Worin bestand die technisch-handwerkliche Herausforderung?
→ Für wen wurde das Kunstwerk angefertigt?

→ Was erzählt das Werk über seine Zeit?
→ Was bewegt es in Ihnen?
→ Was gefällt Ihnen besonders an diesem Werk, was nicht? Weshalb?
→ Was würden Sie die Künstlerin oder den Künstler fragen?
→ Auf welche neuen Ideen bringt Sie das Kunstwerk?

Die folgenden 25 Essays sind eine Einladung zum genauen Hinsehen, Neuentdecken und zum Hinter-die-Kulissen-Schauen bei Kunstwerken, Künstlerinnen und Künstlern. Die Stadt Basel gleicht einem hochkarätigen Ausstellungsparcours, und die ‹Kleine Basler Kunstgeschichte› lädt dazu ein, diesen zu entdecken.

Startschuss für eine internationale Karriere

Hans Holbein d.J., Doppelbildnis des Jacob Meyer zum Hasen und seiner Frau Dorothea Kannengiesser, 1516

Hans Holbein d.J. (1497/98–1543) entwickelte sich in Basel zum Starporträtisten, dessen Können in ganz Westeuropa gefragt war. Mit dem Porträt des neuen Bürgermeisters erhielt der Maler seinen ersten renommierten Auftrag.

Sommer 1516. Der 18-jährige Hans Holbein d.J. lebt seit einem Jahr in Basel. Er arbeitet vielleicht in der Werkstatt des damals bekanntesten Malers der Stadt, Hans Herbst (1470–1552). Zusammen mit seinem Bruder Ambrosius (um 1494 bis nach 1519) hatte ihn wohl seine Gesellenwanderung nach Basel geführt.

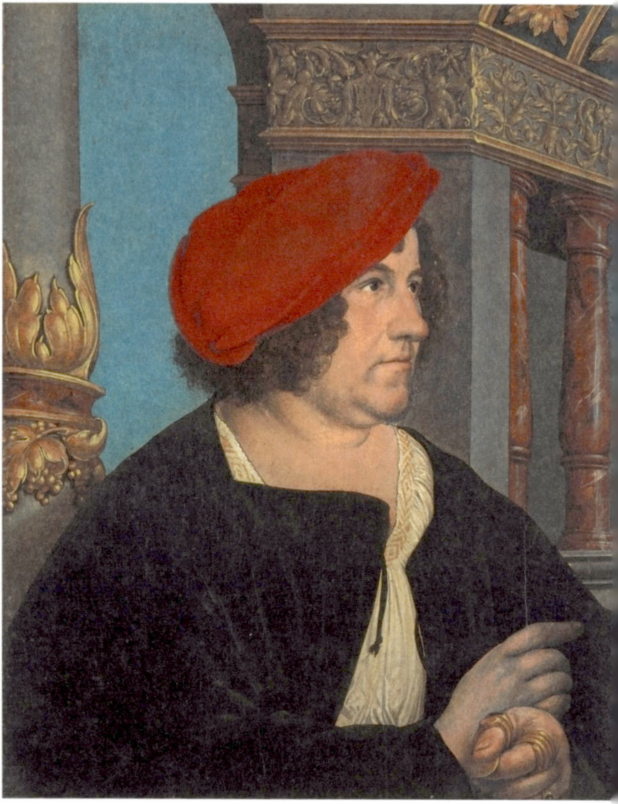

Hans Holbein d.J., Doppelbildnis des Jacob Meyer zum Hasen und seiner Frau Dorothea Kannengiesser, 1516. Öl auf Lindenholz, je 39,7 × 31,9 cm (rechte Tafel H 39,5 cm). Kunstmuseum Basel

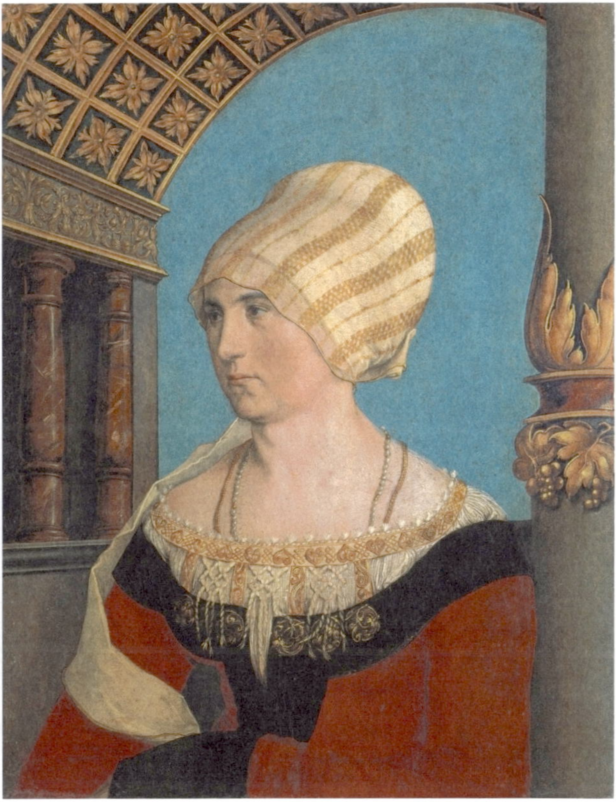

Erste Aufträge in Basel. Die humanistisch geprägte Rheinstadt versprach eine gute Auftragssituation; über siebzig Buchdrucker betrieben hier ihr Handwerk. So erhielten Holbein und sein Bruder schon im Jahr ihrer Ankunft den Auftrag, für Oswald Geisshüsler (1488–1552), Schulmeister der Lateinschule und Reformator, ein Exemplar des Buches ‹Lob der Torheit› von Erasmus von Rotterdam (um 1466–1536) mit Randzeichnungen zu illustrieren. Im darauffolgenden Jahr porträtierte Holbein den am 24. Juni 1516 neu gewählten Basler Bürgermeister Jacob Meyer zum Hasen (1482 bis vor Juli 1531) und dessen Gattin Dorothea Kannengiesser (1489–1549). Was hätte ihm mehr dienen können am Start seiner vielversprechenden Karriere?

Arbeitsschritte. Für das Doppelbildnis griff Holbein auf Arbeitsschritte zurück, die er in der Werkstatt seines Vaters in Augsburg erlernt hatte. Zunächst fertigte er Silberstiftzeichnungen der Eheleute an (heute im Kupferstichkabinett Basel). Mit dem metallenen Stift mit aufgelöteter Silberspitze gestaltete der Maler mit feinen Schraffuren eine nuancierte Ebenbildlichkeit. Attribute und den architektonischen Hintergrund liess er vorläufig weg. «an ogen schwarz / baret rot – mosfarb / brauenn gelber da das haar / grusenn wit brauenn» (Augen schwarz / Barett rot-moosfarben [rot-grün] / Brauen gelber als das Haar / [Haar] lockiger als die Brauen), steht neben dem Konterfei des Bürgermeisters. Noch in Augsburg dürfte Holbein das Porträt gesehen haben, das sein Vater 1513 von einem Mann mit Pelzmütze vor einer Architekturrahmung gemalt hatte. Zudem griff Holbein wohl auf einen Farbholzschnitt mit dem ‹Bildnis des Johannes Baumgartner› (1512) vom Augsburger Künstler Hans Burgkmair d.Ä. (1473–1531) zurück. Hier findet sich die Architektur, die Holbein für Jacob Meyer und seine Frau weiterentwickelte. Die an einen Triumphbogen erinnernde Konstruktion ist über beide Bildhälften gespannt und schafft den Eheleuten einen gemeinsamen Bildraum. So hatte kein Künstler vor Holbein ein Paar perspektivisch im Raum verortet. So fügt er den Bürgermeister in eine Kulisse, die für Machtanspruch steht und für Raffinesse.

Keine armen Leute. Offensichtlich zeigen sich hier zwei Personen hohen Ranges, die Herausragendes geleistet haben. Während sich der Bürgermeister mit seiner bulligen Präsenz vorn im Bildraum befindet, hat Holbein die Gemahlin tiefer im Raum platziert; mit ihrer gestreiften Haube vor blauem Himmel erscheint sie kleiner. Auch blickt Jacob Meyer mit seinem roten Barett in die Ferne, während Dorothea Kannengiesser ihren Kopf leicht nach unten neigt. Mit Rot, Schwarz und Weiss hat Holbein die Kleidung des Paares farblich aufeinander abgestimmt. Ihre goldbestickte, reich verzierte Tracht sowie zwei Ketten zeigen Dorothea im Sonntagsstaat. Signiert hat der Maler mit «HH 1516» auf einer Kartusche über Jacobs Kopf. Wo das Doppelporträt ursprünglich zu sehen war, ist nicht bekannt. Da seit 1520 die Rückseite des Männerbildnisses mit dem Wappen der Familie Meyer bemalt ist, darf man davon ausgehen, dass es spätestens dann auch geschlossen aufbewahrt wurde.

Wer war Jacob Meyer? Hans Holbein d.J. präsentiert Jacob Meyer mit seiner zweiten Ehefrau Dorothea Kannengiesser, die er spätestens 1513 geheiratet hatte. Durch seine erste Ehe mit Magdalena Baer hatte er Anschluss an eine führende Basler Familie und deren Netzwerk erhalten. Meyer arbeitete zunächst als Geldwechsler, dann als Verleger, Kaufmann und Immobilienspekulant. Seine Wechselstube hatte er im Haus zum Hasen am Marktplatz eingerichtet, wo sich heute der Rathausturm befindet. Jacob Meyer gilt als erster Bürgermeister aus den Reihen der Zünfte. 1503 war er der Zunft zu Hausgenossen und Weinleuten, 1504 der Zunft zum Schlüssel beigetreten. 1510 liess er sich zum Zunftmeister, 1516 zum Bürgermeister wählen. Er übernahm weitere hochrangige politische Ämter wie Siebner (Finanzen), Neuner (Kriegsausschuss) und Heimlicher (Ratswahl) und amtete zudem als Gerichts-, Fünfer- sowie Appellationsherr. Internationale Einnahmen sicherte sich Meyer mit diversen militärischen Ämtern. Im Romzug Kaiser Maximilians kämpfte er 1508 als Hauptmann, ebenso 1512 im Lombardeikriegszug und 1515 im Marignanozug. Die eidgenössischen Söldner hatten in Europa damals den Ruf von bestechlichen Mördern, die aus dem Krieg skrupellos Profit zu schlagen wussten. Die Goldmünze in seiner Linken nimmt vordergründig auf Meyer als Wechsler Bezug. Ein Privileg Kaiser Maximilians erlaubte der Stadt Basel ab

1516, Goldmünzen zu prägen. Darüber hinaus steckt vielleicht im Goldstück ein Fingerzeig auf die umstrittenen Geldgeschenke, die Meyer seit 1513 etwa vom mailändischen Herzog bezog?

Hans Holbeins Basler Jahre. Während sich seine politische Karriere bald ihrem Ende zuneigte – Meyer wurde aufgrund unlauterer Geldgeschäfte 1521 seines Amtes als Bürgermeister enthoben –, nahm Holbeins Laufbahn durch dessen Porträtauftrag Fahrt auf. 1517 porträtierte er – wahrscheinlich auf Jacob Meyers Vermittlung – den Patrizier Benedikt von Hertenstein in Luzern. 1519 trat er in die Malerzunft ein und porträtierte Bonifacius Amerbach, im Stil deutlich weiterentwickelt, unter anderem durch die Kenntnis des rund fünfzig Kilometer nördlich von Basel fertiggestellten Isenheimer Altars (1516) von Matthias Grünewald. Um 1520 heiratete Holbein Elsbeth Binzenstock; aus ihrer Ehe gingen vier Kinder hervor. Von 1521 bis 1530 – Holbein ist inzwischen Bürger der Stadt – freskierte er den Grossratssaal im Basler Rathaus. Darüber hinaus entstehen der ‹Tote Christus im Grab› für die Familie Amerbach, die ‹Solothurner Madonna› sowie zahlreiche Porträts von Erasmus von Rotterdam, der 1521 in Basel Wohnsitz genommen hatte.

Unternehmer auf europäischer Ebene. Die reformatorischen Bewegungen und das damit einhergehende Verbot religiöser Bilder schränkten die Auftragslage zunehmend ein. In Basel erreichten die tumultartigen Unruhen des Bildersturms am Aschermittwoch 1529 ihren Höhepunkt, als die

Kunstwerke aus dem Münster in fünf Feuern verbrannt wurden. Der an Können und unternehmerischem Handeln erprobte Holbein hatte sich zu diesem Zeitpunkt bereits international orientiert, war 1524 nach Frankreich gereist an den Hof von Franz I., 1526 zog er mit Empfehlungsschreiben von Erasmus von Rotterdam nach Antwerpen, dann weiter nach London, wo er 1536 Hofmaler wurde von König Heinrich VIII. (1491–1547). Holbein starb 1543 in London, höchstwahrscheinlich an der Pest.

Neben Porträts und Altarbildern fertigte Holbein d.J. Buchillustrationen, Scheibenrisse, Fassadenmalereien, Waffendekorationen sowie einmalige Dekorationen für Feste. Doch es sind Bildnisse wie jene von Jacob Meyer und Dorothea Kannengiesser, die durch ihre zeitlose Präsenz faszinieren. Hans Holbein avancierte zu einem Starmaler seiner Zeit, indem er die Dargestellten mit einer visuellen Eloquenz charakterisierte, die Lebendigkeit, Sorgfalt, Anmut und Glanz miteinander vereint.

↘ Gröbner, Valentin: Spezialist für das Geld anderer Leute: Jakob Meyer zum Hasen, die Geschenke und die Politik, in: Der Bürgermeister, sein Maler und seine Familie: Hans Holbeins Madonna im Städel, Ausst.-Kat. Städelsches Kunstinstitut und Städtische Galerie 2004, Petersberg 2004, S. 45–54.

↘ Kunstmuseum Basel (Hg.): Hans Holbein d.J. – Die Jahre in Basel 1515–1532, Ausst.-Kat. Kunstmuseum Basel 2006, München 2006.

↘ Schüpbach-Guggenbühl, Samuel: Meyer, Jakob (zum Hasen), in: Historisches Lexikon der Schweiz (HLS), 23.09.2010, https://hls-dhs-dss.ch/de/articles/019318/2010-09-23/, abgerufen am 13.05.2023.

↘ Woollett, Anne T. (Hg.): Holbein. Capturing character, Ausst.-Kat. J. Paul Getty Museum, Los Angeles 2021, und Morgan Library & Museum, New York 2022, Los Angeles 2021.

Intime Erzählungen für kalte Mauern

‹Geschlossener Liebesgarten›, um 1470/1480,
und
Chrischona Jeckelmann (zugeschrieben),
Darstellungen aus dem Alten Testament, 1591/1594

Textile Bilder gehörten zu den wichtigsten Ausstattungsstücken für Basler Bürgerhäuser. Der Wandbehang eines unbekannten Besitzers sowie zwei Wollstickereien, vermutlich von Chrischona Jeckelmann, für das Haus Felix Platters zeigen die thematische Spannweite.

«Zudem verwenden die Leute viele Teppiche und bestickte Wandbehänge. Auf die Tische lassen sie eine Masse Silbergeschirr auffahren. Im übrigen Tafelschmuck und in der Eleganz sind ihnen die Italiener überlegen. Vorhöfe deuten auf Vornehmheit des Hauses hin. Kurzum, was die Gebäude und

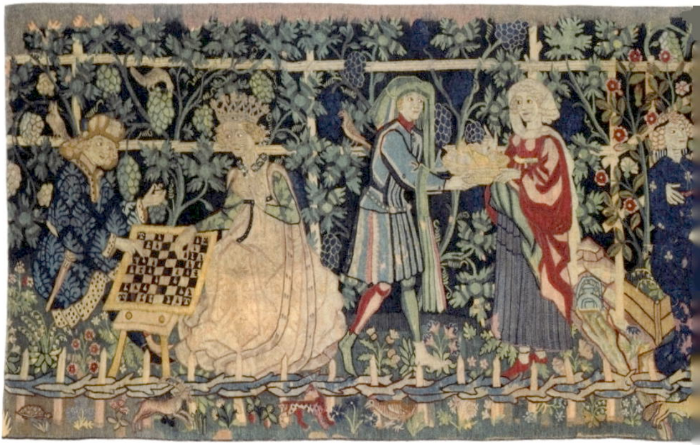

Unbekannt, ‹Geschlossener Liebesgarten›, um 1470/1480. Wandbehang (Wolle, Leinen, Seide, Silberlahn), 89–103 cm × 352–355 cm. Historisches Museum Basel

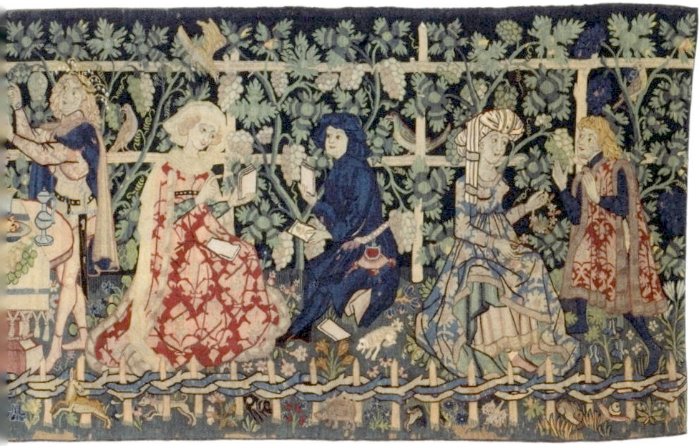

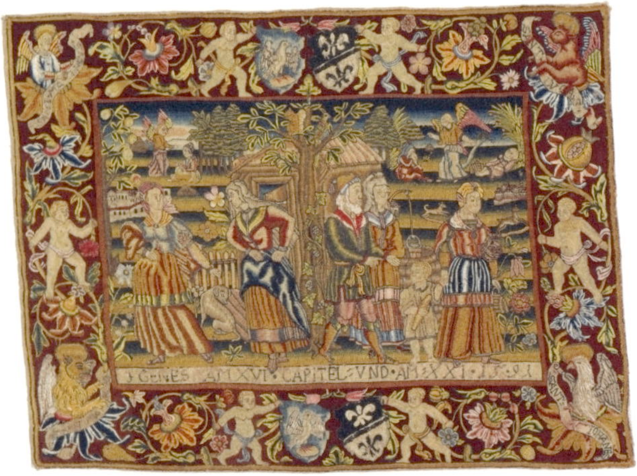

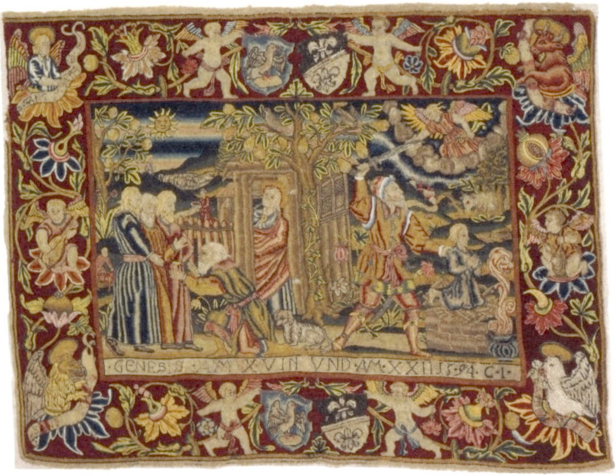

Chrischona Jeckelmann (zugeschrieben),
Darstellungen aus dem Alten Testament,
datiert 1591 und 1594.
Wollstickerei, je 75 × 95 cm.
Historisches Museum Basel

Paläste betrifft, ist nichts auszusetzen.» (Hartmann 1951, S. 27 f.) Das berichtet Enea Silvio Piccolomini (1405–1464), der spätere Papst Pius II., als er um Silvester 1433 die Stadt Basel beschreibt. Dass Basel neben Strassburg ein Zentrum für sogenanntes Heidnischwerk war, wie das Wirkhandwerk auf Alemannisch heisst, belegen zahlreiche Tapisserien aus dem 15. und 16. Jahrhundert. Textile Kompositionen dienten als mobile Wandbehänge, Kissen, Tischdecken, Vorhänge oder als Altarbehänge.

Erotische Spiele. Was für ein ungewöhnlicher Garten! Ein Wandteppich im Historischen Museum Basel aus der Zeit um 1470/1480 zeigt auf mehr als 3,5 Metern Breite einen geschlossenen Liebesgarten, der höfische Formen der Liebe im Sinne der Minne thematisiert. Diese entsprach einem weltlichen Liebesideal, das sich als Konzept in mittelalterlichen Texten und Bildern entfaltete, in denen Gefühle kunstvoll stilisiert und normierte Verhaltensmuster dargestellt wurden. Ein beliebtes Sujet dieser profan-erotischen Bildwelten war der Liebesgarten, in dem sich in diesem Beispiel fünf höfisch gekleidete Paare eingefunden haben. Leitmotivisch setzt die erste Szene links mit dem Liebesschach ein, einem spielerisch-erotischen Zweikampf zwischen einem Mann und der Minnekönigin. Das zweite Paar reicht sich eine Schale mit Birnen und Äpfeln – als Minnegabe ein Zeichen für die erotische Gunst. Das dritte, zentrale Paar mit Dienerin verzehrt in einer Rosenlaube Brot, Geflügel und Trauben. Auch diese Szene hält Anspielungen bereit: Seiner Dame Wein zu reichen, hiess, ihre Liebe zu erlangen. Der Becher auf dem Tisch und das Weingefäss, das zum Kühlen im Bach liegt, deuten auf erotisches Begehren hin, die Rose war eine häufige Metapher für die Frau. Ein viertes Paar unterhält sich beim Kartenspiel, in dem der Mann einen Trumpf gelegt hat. Und beim fünften und letzten Paar übergibt die Dame ihrem Partner einen Kranz. Zeichen der Zuneigung oder des errungenen Siegs? Neckisch hat sie ihr Kleid über das Knie geschlagen und gibt am Fussgelenk ein Stück Haut zu sehen. Unter dem Flechtzaun tummeln sich am unteren Bildrand Steinbock, Gepard, Rebhuhn, Fuchs und Hase (die Schildkröte wurde von späteren Restaurator:innen ergänzt).

Metaphern der Liebe. Zahlreiche profane Teppiche sprechen an, was in der von christlichen Moralvorstellungen geprägten Gesellschaft keinen Raum hatte. Umso anspielungsreicher entwickelte sich im Mittelalter ein Motivvokabular, welches beispielsweise das Schach- und das Kartenspiel als Metapher für ein Liebesspiel nach kodifizierten Regeln aufnimmt und Varianten der erotischen Begegnung in einen geschlossenen Garten verlegt. Dass die intimen Sujets der höfischen, insbesondere französischen Adelskultur entlehnt sind, macht die modisch-elegante Kleidung der Paare deutlich. Auf diese Weise unterstreichen die Bildwelten der Minne auch die «herrenmässige Lebensform» der städtischen Oberschicht (Zahnder-Seidel 2019, S. 218).

Frauen webten und stickten. Der Teppich stammt aus einer Basler Werkstatt. Wo er hing, ist ebenso wenig überliefert wie der Name der Entwerferin oder des Entwerfers. Die Bildvorlage wurde spiegelbildlich im Massstab 1:1 auf den sogenannten Bildner übertragen, der unmittelbar unter den Fäden des Webstuhls lag. Die Wirkerinnen und Wirker waren in der Regel nicht für den Entwurf verantwortlich. Mehrheitlich sind in Basel die Namen von Frauen überliefert, die ausserhalb der Zünfte an Hochwebstühlen arbeiteten.

Abraham, Sara und Hagar. Etwa drei Jahre brauchte die jugendliche Chrischona Jeckelmann für jede Kissenplatte der Grösse von 75 auf 96 Zentimeter. Leuchtende Woll- und Seidenfäden setzte sie kreuzweise und mit malenden, flachen Stichen nebeneinander, um die alttestamentarische Geschichte des greisen Abraham, seiner Frau Sara und ihrer schwangeren Sklavin Hagar zu erschaffen. Üppige Bordüren mit blühenden Ranken, Putten und den Symbolen der vier Evangelisten umrahmen die textilen Bilder mit vier Episoden aus dem Leben Abrahams und seiner Frau. Lange war das Paar kinderlos geblieben, bis Abraham auf Saras Bitten mit Hagar ein Kind zeugte. Die erste Kissenplatte schildert im linken Bildfeld, wie Sara – ihre Arme aggressiv in die Hüften stemmend – daraufhin Hagar demütigt. Rechts flieht Hagar mit ihrem Sohn Ismael, dem späteren Stammvater der Muslime, in die Wüste. Die zweite Kissenplatte zeigt links, wie der kniende Abraham drei Männer bewirtet, während Sara die Szene belauscht. Abrahams Gäste prophezeien ihm die Geburt eines zweiten

Sohnes als Stammhalter. Wie im ersten Bild trennt ein Baum die beiden Situationen. Rechts neben dem Birnbaum hebt Abraham sein Messer, um seinen zweiten Sohn Isaak als Brandopfer darzubringen. Da ergreift ein Engel die Messerklinge und stoppt die grausame Tat. Unter die Bildfelder stickte Jeckelmann die jeweilige biblische Quelle (Genesis 16 und 21 sowie Genesis 18 und 22) und das Entstehungsjahr der Stickereien (1591 und 1594). Bei der jüngeren Kissenplatte hat die Künstlerin ihre Initialen hinzugefügt. Im ‹CI› darf man die Stickerin Chrischona Jeckelmann vermuten – eine Bürgerstochter, die von 1577 bis 1624 lebte und Stickereien fertigte für den eigenen Gebrauch sowie als Geschenk.

Der Basler Stadtarzt Felix Platter. Die Allianzwappen auf den Kissenplatten verraten die Besitzer der Wollstickereien; in der Mitte der Längsbordüren sind die Wappen von Magdalena Jeckelmann (1534–1613), der Tante Chrischonas, und ihres Gatten, des Stadtarztes Felix Platter (1536–1614), zu finden. Die Stickereien hingen daher wohl wie Gemälde im Anwesen Felix Platters am Petersgraben / Ecke Hebelstrasse, das sich bis zum Petersplatz erstreckte. Er hatte es 1574 gekauft, nachdem er Stadtarzt und Rektor der Universität geworden war.

Holzschnitte als Vorlage. Als Vorbild für die Bildfelder dienten unter anderem Holzschnitte von Hans Holbein d.J. (1497/98–1543) und Tobias Stimmer (1539–1584). Den grobmaschigen, zu bestickenden Grundstoff aus Leinen mit den Bildzeichnungen hat

Jeckelmann möglicherweise direkt von einem Künstler bezogen. Neben opulenten Wollwebereien zierten schillernde Stickereien die Wände der Stadthöfe wohlhabender Bürger. Neben ihrem ästhetischen Reiz isolierten die Textilien die oft schlecht beheizten Häuser. Diese dämmende Funktion müssen Teppiche heute in der zeitgenössischen Kunst nicht mehr erfüllen, wie etwa die textilen Bodenarbeiten der in Basel tätigen Künstlerin Sibylle Völkin (geb. 1971) veranschaulichen.

Der geschlossene Liebesgarten und die Wollstickereien Jeckelmanns liefern eindrückliche Belege dafür, wie sich Frauen ausserhalb der zünftischen Beschränkungen in Basel künstlerisch betätigten und wie textile Kunst neben Goldschmiedekunst, Glasmalerei, Tafelbild oder Plastik im frühneuzeitlichen Haushalt ihren Platz einnahm.

↘ Hartmann, Alfred (Hg.): Basel in einigen alten Stadtbildern und in den beiden berühmten Beschreibungen des Aeneas Silvius Piccolomini, Basel 1951.
↘ Rapp Buri, Anna / Stucky-Schürer, Monica: Zahm und wild. Basler und Strassburger Bildteppiche des 15. Jahrhunderts, Mainz am Rhein 1993.
↘ Schneider, Jenny: Zwei Bildstickereien aus dem Besitze Felix Platters im Historischen Museum Basel, in: Zeitschrift für schweizerische Archäologie und Kunstgeschichte, 22 (1962), S. 114–118.
↘ Zander-Seidel, Jutta (Hg.): Der Spieleteppich im Kontext profaner Wanddekoration um 1400. Beiträge des internationalen Symposions am 30. und 31. Oktober 2008 im Germanischen Nationalmuseum, Nürnberg 2010.
↘ Zander-Seidel, Jutta: Animals on minne tapestries: Symbols of lordship and ornament, in: Wetter, Evelin / Starkey, Kathryn (Hg.): Animals in text and textile: Storytelling in the medieval world, Riggisberg 2019, S. 211–226.

Von Geysiren und Orangen

Muda Mathis und Sus Zwick,
‹Die Tankstelle›, 2010

Es kocht und brodelt. In der Fotografie-Installation ‹Die Tankstelle› setzt sich das Künstlerinnenpaar Muda Mathis und Sus Zwick in einer isländischen Landschaft selbst in Szene.

«Wir suchen Bühnen.» – Muda Mathis (geb. 1959) und Sus Zwick (geb. 1950), deren Schaffen von Video- und Fotokunst über Performance bis zu Musik reicht, inszenieren ihr grossflächiges Wandbild wie ein Theaterstück. Die beiden Protagonistinnen posieren auf einer moosbewachsenen Fläche – vielleicht einem Lavafeld – auf Island. Die neun Meter breite Intervention ‹Die Tankstelle› befindet sich im Treppenhaus zur Personalkantine der Universitären Psychiatrischen Kliniken Basel. Das Künstlerinnenduo hat sie im Jahr 2010 als Ergebnis eines Wettbewerbs auf Einladung ausgeführt. Mathis und Zwick, ein Paar im Leben wie in der Kunst, kreierten ein Landschaftsbild und zugleich ein Doppelselbstporträt.

Orangen auf Island. In roten Kleidern, mit Gummistiefeln, einer Schüssel und einem Eimerchen stehen die beiden prominent im Bildvordergrund. Sie blicken vor sich in einen Krater, der dem Bild in der Nische zur Treppe hin vorgelagert ist. Links neben ihnen bücken sich zwei Frauen nach Orangen. Imitate der Früchte aus Kunststoff sind vor dem Bild zu einem Haufen gestapelt – zu weit weg, als dass man im Vorbeigehen danach greifen könnte, und doch so, dass ihre Fülle grosszügig aufs Teilen und aufs Essen in der Mensa vorbereitet. Im Hintergrund stehen weitere Personen mit ausgestreckten Armen neben der Fontäne eines Geysirs und fangen dessen Wasser auf. Andere Menschengruppen haben sich zum Picknick niedergelassen und sind in Gespräche vertieft. Vor dem Geysir rechts erhebt ein General ehrfürchtig seine Hände. Die roten, grünen und blauen Akzente der Kleider vitalisieren das Bild im Kontrast zum bemoosten Boden. Das Auftanken, die Regeneration im Freien, das Verweilen mit Wasser und Spiel steht im Zentrum der Bildgestaltung.

Performance an der Wand. Nachdem die Künstlerinnen das Treppenhaus zum ersten Mal in Augenschein genommen hatten, war klar: Für diese lang-

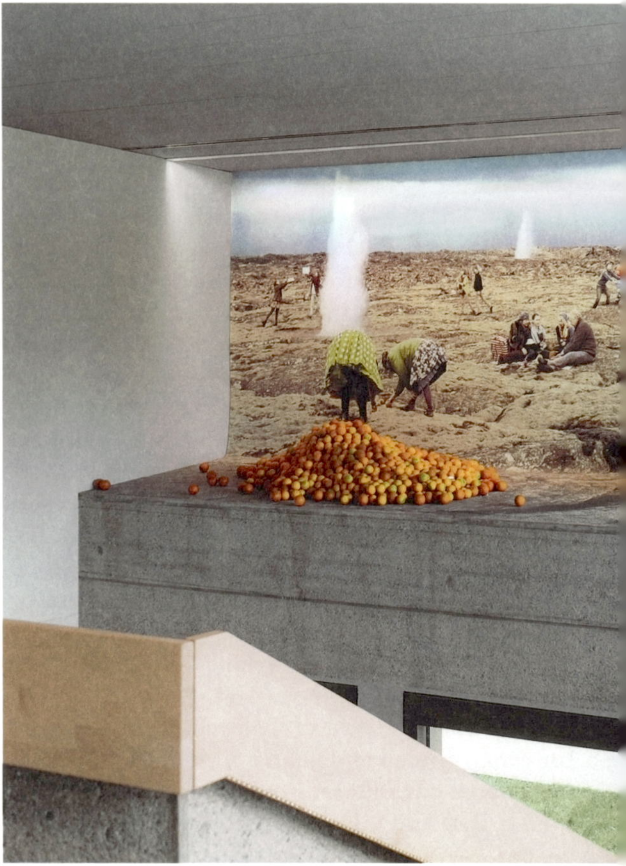

Muda Mathis und Sus Zwick, ‹Die Tankstelle›, 2010. Fotografie-Installation, 3-D-Objekte, 911 × 189 × 282 cm. Personalmensa der Universitären Psychiatrischen Kliniken Basel, Eigentum: Kanton Basel-Stadt

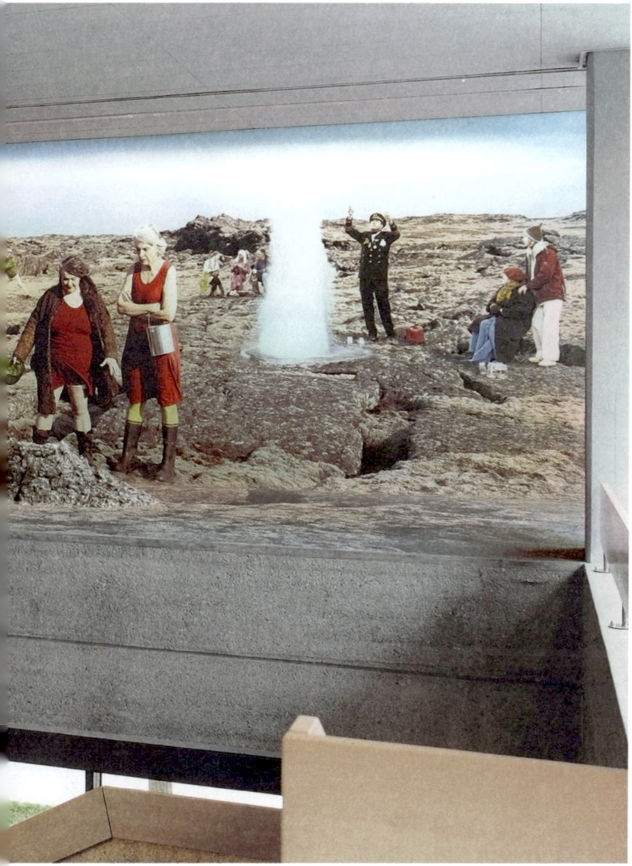

gestreckte Wandfläche bietet sich ein Panorama an. Normalerweise gehen Mathis und Zwick für ihre Bildkonzepte von ihrem Körper und vom eigenen Bewegungsradius aus, hier konzipierten sie zuerst den Hintergrund. Nachdem Sus Zwick die Idee hatte, eine isländische Landschaft mit Geysiren als Sujet zu nutzen, kreierten die Künstlerinnen die Binnenszenen mit den einzelnen Figurengruppen. Dazu liessen sie sich inspirieren von Postkartenmotiven. Für die Sammlerinnen von Orangen diente den Künstlerinnen etwa eine Ansicht mit Frauen in portugiesischen Trachten als Anregung. Ihre eigene Aufnahme entstand in der Nähe von Reykjavík, wo die isländische Künstlerin Ósk Vilhjálmsdóttir als Produktionsleiterin sowie Location Scout agierte und dem Schweizer Team Kostüme aus dem Fundus eines Theaters zur Verfügung stellte. Fotografiert hat das Setting der Schweizer Landschaftsfotograf Tobias Madörin, mit dem die Künstlerinnen häufig zusammenarbeiten. Die vier Geysirfontänen wurden später in die Fotografie montiert. Um die Tiefenräumlichkeit zu verstärken, haben Mathis und Zwick den Krater und die Orangen greifbar vor ihre Fototapete positioniert. So überspielten schon historische Panoramen, etwa das Bourbaki-Panorama in Luzern (1881), den Gap zwischen realem Raum und bildlicher Simulation.

Künstler:innenpaare. Neben der Landschaft bildet Mathis' und Zwicks Selbstdarstellung das zentrale Element. «Wenn man von der Performance herkommend Bilder macht, beginnst du mit dir selbst», so Sus Zwick. Die Künstlerinnen setzen sich immer wieder in Szene, spielen mit sich als einem ungleichen Paar und setzen sich mit beiläufiger Verspieltheit hinweg über das ideale Bild des weiblichen, sexualisierten Körpers, der sich für Werbezwecke gefügig macht. Kunsthistorisch ist das Thema Künstler:innenpaar bisher kaum besetzt, nur wenige Paare inszenieren sich gemeinsam, machen ihre Beziehung zum Sujet ihrer Arbeiten. Berühmt sind die körperbezogenen Performances von Marina Abramović (geb. 1946) und Ulay (1943–2020), die in den 1970er-Jahren begannen, sich als Paar in den Mittelpunkt ihrer Arbeit zu stellen. Erinnert sei etwa an die ikonische Performance ‹Rest Energy› (1980), bei der Ulay als Bogenschütze den Pfeil auf Abramovićs Herz richtete. Loteten Abramović und Ulay die eigene Existenz sowie die Machtverhältnisse in Beziehungen aus, tragen Mathis und Zwick singend, tanzend und posierend feministische und sozialkritische Anliegen vor. Sie verweisen als Referenz auf das exzentrische britische Künstlerpaar Gilbert & George (geb. 1943 bzw. 1942), das sich in massgeschneiderten Anzügen zu lebenden Skulpturen erklärte. Als wohl erstes Frauenpaar arbeiteten die lesbischen Widerstandsaktivistinnen Claude Cahun (eigentlich Lucy Schwob, 1894–1954) und Marcel Moore (eigentlich Suzanne Malherbe, 1892–1972) zusammen. Bekannt sind insbesondere die fotografischen Selbstporträts und Collagen, in denen Cahun, auch am Surrealismus geschult, die Grenzen der Genderidentitäten aufzulösen sucht.

Die Königinnen kommen! Mathis und Zwick prägen seit Jahrzehnten die Performancekultur in Basel. Dabei verfolgen sie das Prinzip der kollektiven Autor:innenschaft und thematisieren queer-feministische Aspekte in der Kunst. Die aus Romanshorn stammende Muda Mathis und die Fribourgerin Sus Zwick lernten sich 1985 an der ersten Videofachklasse der Schule für Gestaltung Basel kennen. «Alleine denken ist kriminell», lautet bis heute das Motto ihrer Arbeit. Im Jahr 2009 erhielten sie den Prix Meret Oppenheim, 2022 den Basler Kulturpreis. Zwick und Mathis zeigen ein diverses Bild vom Frausein. Vor allem bei Konzerten mit ihrer Band ‹Les Reines Prochaines› rebellieren sie mit autodidaktisch erprobtem Gesang, roher Poesie und selbstbestimmt anderer Eleganz gegen alle allzu zahme Haltung. Zusammen mit Fränzi Madörin und weiteren Freund:innen touren ‹Les Reines Prochaines› seit 1987 durch Offspaces und Konzertkeller, spielen auf 1.-Mai-Demos genauso wie auf der grossen Bühne des Theaters Basel. Mit ihrer Kostümierung aus Alltagsgegenständen erinnern sie dabei an die exzentrische Dada-Künstlerin Elsa von Freytag-Loringhoven (1874–1927), die inszeniert mit einem Kochtopf als Hut oder mit als BH umfunktionierten Suppendosen die New Yorker Kunstszene der 1910er-Jahre in Schwung versetzte.

Es lebe das Groteske, und das Skurrile finde seinen Platz im Alltag, wie hier auf der Installation in den Psychiatrischen Kliniken. Wer der Naturgewalt des Geysirs mit einer Haushaltsschüssel begegnet und auf Island Orangen sucht, wird auch die verschrobenen Teile des menschlichen Daseins bejahen.

↘ Gespräch der Autorin mit Muda Mathis und Sus Zwick, 27.04.2023.
↘ Zürcher, Isabel: Das Reine und das Schmutzige, Isabel Zürcher im Gespräch mit Muda Mathis und Sus Zwick, anlässlich des Prix Meret Oppenheim 2009, hg. vom Bundesamt für Kultur, Bern 2010.

Ein selbstbewusstes Statement

Alma Louise Rüdisühli,
‹Selbstporträt vor Staffelei›, 1895

Alma Louise Rüdisühli präsentiert sich fast lebensgross im Selbstporträt mit Stadtlandschaft. Das Schaffen der Malerin bildet keine Ausnahme; um 1900 waren in Basel zahlreiche Künstlerinnen tätig.

Das Selbstporträt von Alma Louise Rüdisühli (1867–1928) ist bemerkenswert. Mit einer Höhe von 120 und einer Breite von 85 Zentimetern präsentiert es eine selbstbewusst blickende Malerin bei der Arbeit vor einer Stadtlandschaft. Die 28-Jährige steht selbst vor dem Vorhang, der sonst ihre Modelle hinterfängt. Doch was sie malt, sehen wir nicht. Vielmehr schaut sie uns direkt an, mit Augen wie dunkle Türen zu ihrem Inneren. Ihre lockigen Haare hat die Malerin hochgesteckt, sie trägt ein blau-rot-gelb-kariertes Kleid mit eingesetztem Spitzenkragen und Volant. Die Puffärmel sind hochgekrempelt, mit einem schwarzen Gürtel betont sie ihre Wespentaille – ein typisches Merkmal der Gründerzeitmode.

Die Betrachtenden als Modell. Auf der rechten Bildseite markiert eine Staffelei die Bildgrenze mit einer hohen Leinwand, deren Vorderseite uns verborgen bleibt. Auf dem Längsholz der Staffelei hat die Künstlerin signiert; auf dem Querholz steht ein Ölfläschchen, daneben liegt ein Lappen mit Farbspuren. In der linken Hand hält Rüdisühli drei breite Pinsel und eine Palette, auf deren Rand pastose Farbwülste liegen. Die gepflegten Finger ihrer rechten Hand umschliessen einen langen, flachen Pinsel. Ihr direkter Blick suggeriert, dass die Betrachtenden selbst in Rüdisühlis Atelier stehen – wir werden zum Modell des Augenblicks: Was bedeutet das? Wie sehe ich mich selbst? Was möchte ich in einem Bild über mich erzählen? Welche Körperhaltung nehme ich dazu ein?

Zwei Fotografien dienten als Vorlage. Alma Louise Rüdisühli arbeitete mit fotografischen Vorlagen, wenn das zu malende Modell nicht anwesend war. So auch hier. Im Besitz der Familie befinden sich zwei Fotografien der Malerin, die sie zu einem einzigen Bild zusammenfügte: Einmal trägt die Künstlerin dasselbe karierte Volantkleid; einmal steht sie in ähnlicher Pose mit dem Pinsel, allerdings weichen ihre Frisur und Kleidung vom Gemälde ab.

Moderne Architektur in Kleinbasel. Kaum eine Malerin vor Rüdisühli verband das Selbstporträt damit, eine Stadt ins Bild zu setzen. Das Fenster oder der Balkon links von ihrer Schulter gewährt einen kleinen Ausblick auf das gegenüberliegende Kleinbasler Rheinufer. In den Adressbüchern der Stadt ist Alma Louise Rüdisühli im Jahr 1899 unter den Kunstmalern mit einem Atelier in der Augustinerstrasse 21 gelistet. Vielleicht arbeitete sie vorher in der St. Johanns-Vorstadt, so wie es das Gemälde zeigt. Ein eisernes, schwarzes Geländer ist dem bodentiefen Fenster vorgelagert, auf der hölzernen Diele ruht ein Kasten mit Kapuzinerkresse. Im Fensterausschnitt erhebt sich hinter der Johanniterbrücke und einer Reihe von Bäumen am Ufer des Rheins das 1863 errichtete Kasernengebäude. In weiterer Entfernung rechts positionierte Rüdisühli einen Kirchturm. Blickt man vom Ufer des Johanniterquartiers gen Osten nach Kleinbasel, befindet sich neben dem Kasernengebäude kein Kirchturm. Jedoch ist zu vermuten, dass sie die Matthäuskirche malte. Diese war zwischen 1892 und 1896 nach Entwürfen des Breslauer Architekten Felix Henry erbaut worden. In dieser Zeit, in der die Stadt architektonisch rasch neue Konturen gewann, ist es denkbar, dass Rüdisühli in ihrem 1895 entstandenen Gemälde den neu errichteten Turm der Matthäuskirche präsentierte, der bereits 1894 fertiggestellt war und bis heute Basels höchster Kirchturm ist.

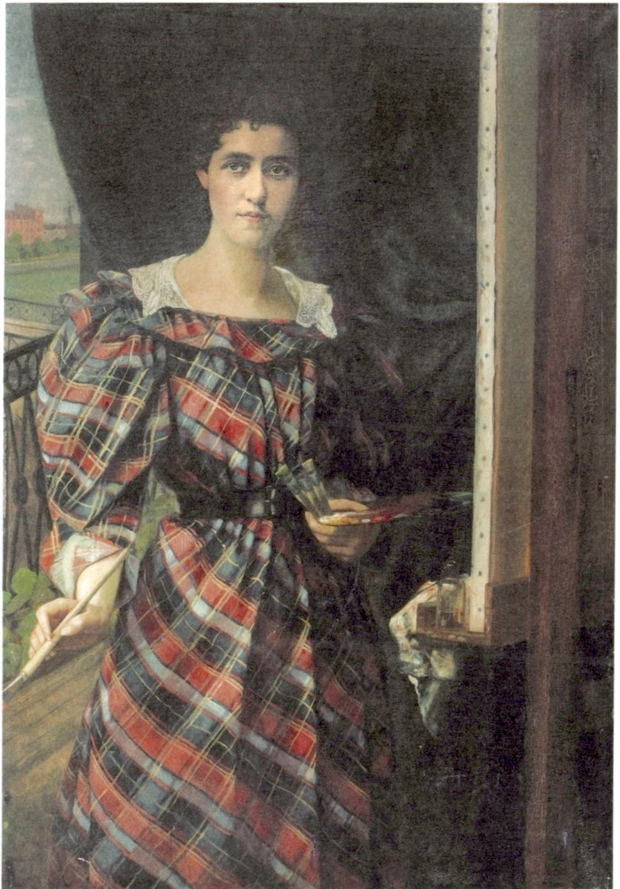

Alma Louise Rüdisühli,
‹Selbstporträt vor Staffelei›, 1895.
Malerei auf Leinwand, 120 × 85 cm.
Historisches Museum Basel

Wer war die Künstlerin Alma Louise Rüdisühli? Zu Lebzeiten zählte Alma Louise Rüdisühli wohl zu den gefragtesten Malerinnen des Basler Bürgertums, heute ist ihr Werk beinahe vergessen. Alma Louise Rüdisühli kam als neuntes von vierzehn Kindern am 5. Juni 1867 in Lenzburg zur Welt. Ihr Vater war der Maler und Kupferstecher Jakob Lorenz Rüdisühli (1835–1918), ihre Mutter Maria Rosa Hartmann (1834–1907). Vier Geschwister wählten wie der Vater das Malen als Beruf: Alma Louise, mit Spitznamen ‹Suse›, Hermann Traugott (1864–1944), Michael Albert (1874–1923) sowie Paul Eduard (1875–1938). Die Rüdisühlis lebten an der Eulerstrasse / Ecke Schützenmattstrasse, wo der älteste Bruder Rudolf an der Adresse eines heutigen Bioladens eine Konditorei führte und Basler Leckerli produzierte. Der Vater Jakob Lorenz Rüdisühli bildete seine Kinder selbst im Malerberuf aus. Danach besuchten die Söhne die Kunstgewerbeschule Basel, Hermann Traugott zudem die Akademie in Karlsruhe. Ob auch Alma Louise Rüdisühli an der Kunstgewerbeschule lernte, wo seit 1869 Mädchen zur Zeichenschule zugelassen waren, ist nicht gesichert.

Charakterstarke Bildnisse. Während Alma Louise Rüdisühlis Vater und ihre Brüder Motive von Arnold Böcklin für ein bürgerliches Kundensegment paraphrasierten, entwickelte Alma Louise Rüdisühli als Porträtmalerin ihren eigenen Stil. Anklänge an die künstlerische Avantgarde bleiben auch ihrem Werk fremd, doch legte sie mit aussagekräftigen Accessoires eine Bilderzählung an, die Charakteristisches über die Porträtierten aussagte. Ihre Gemälde kennzeichnen kräftige Farben, eine Malweise von fotografischer Wirklichkeitsnähe und realistischen Grössenverhältnissen. Erhalten haben sich in Privatbesitz etwa die grossformatigen Porträts ihrer Nichte Gertrud, spielend mit einer Puppe, und ihres Neffen Walter, mit Bauklötzen hantierend. Die Urenkelin von Jakob Lorenz Rüdisühli, Alexandra Petry, beschreibt Alma Louise Rüdisühli als pragmatische Frau, die sich vor jeder Entscheidung die Frage stellte: «Nützt es oder schadet's?» Sie war eine Sammlerin von «Seelen, die sich in den Augen widerspiegeln» – entstehe doch erst durch die Seele ein veritables Porträt.

Ausstellungen in Basel, Zürich und Deutschland. Rüdisühli fertigte Ansichten für Kunstpostkarten, die der Verlag Gebrüder Bertschi in Basel vertrieb. Recherchen der Künstlerin Céline Manz zufolge stellte Rüdisühli mehrmals im Rahmen von Gruppenausstellungen in der Kunsthalle Basel aus, unter anderem 1891, 1906 und 1907. In den Jahren 1896 und 1897 nahm Rüdisühli an Ausstellungen in Zürich teil; 1904 verkaufte sie in einer Münchner Galerie vier Arbeiten. In verschiedenen Publikationen heisst es, dass viele Gemälde Alma Louise Rüdisühlis statt von ihr von ihrem Vater signiert worden seien. Alma Louise Rüdisühli heiratete 1905 mit 38 Jahren den um 13 Jahre jüngeren Journalisten Georg August Berlinger. Das Ehepaar unternahm zahlreiche Reisen nach Korsika und Südfrankreich, liess sich jedoch später scheiden.

Basler Malerinnen um 1900. Im Vergleich mit Selbstbildnissen ihrer Malerkolleginnen aus Basel und der Schweiz wird noch einmal ersichtlich, in welch erstaunlichem Werk uns die Künstlerin hier begegnet: Blick, Gestik und Körperhaltung signalisieren Rüdisühlis Stolz auf ihr Metier und die selbstbewusste Aussage: Ich beherrsche meine Kunst. Auch die Baslerin Louise Amans (1860–1897), Louise Catherine Breslau (1856–1927), Ottilie W. Roederstein (1859–1937) oder die ab Mitte der 1890er-Jahre in Basel tätige Belgierin Augusta Roszmann (1859–1945) haben Selbstdarstellungen hinterlassen, die allerdings kaum mehr als 50 × 50 Zentimeter messen. In ähnlicher Grösse wie Rüdisühli porträtierten sich etwa die polnische Künstlerin Anna Bilińska-Bohdanowiczowa (Nationalmuseum Krakau, 1887) oder die Niederländerin Thérèse Schwartze (Uffizien Florenz, 1888).

Im Kanon der Basler Kunstgeschichte kommt Alma Louise Rüdisühli bisher noch nicht vor, nur wenige Gemälde aus ihrer Hand sind bekannt. Allerdings sind weitere, nicht dokumentierte Bilder in Privatbesitz zu vermuten. Vielleicht fordert ihr Blick uns dazu auf, genau hinzusehen und bald hundert Jahre nach ihrem Tod eine neue Spurensicherung zu leisten. Wo verblieben die anderen, raffinierten Bilder von Alma Louise Rüdisühli? Welche Seelen überlebten dank ihrer Kunst?

↘ Fotografien und Textdokumente im Besitz von Kaspar Rüdisühli
↘ Recherchearbeit der Künstlerin Céline Manz
↘ Dejardin, Fiona M.: The Rüdisühli: A family of painters: From the collection of Johannes Neckermann, The Yager Museum, Oneonta, New York 2001.
↘ G.K.: Die neue protestantische Matthäuskirche in Basel: Architekt: Felix Henry in Breslau; Architekten für die Ausführung: G. & J. Kelterborn in Basel, in: Schweizerische Bauzeitung 29/30 (1897), S. 83–84.
↘ Holenweg, Hans: Rüdisühli, in: SIKART – Lexikon zur Kunst in der Schweiz, 1998, https://recherche.sik-isea.ch/sik:group-9682526/in/sikart, abgerufen am 26.04.2023.
↘ Petry, Alexandra: Die Maler-Familie Rüdisühli, Rostock 2001.
↘ Rüdisühli, Walter: Die Rüdisühli und die Senn(en), Typoskript, 3. Auflage 1969 (unveröffentlicht).

Götter und Fratzen

Arnold Böcklin, Wandbilder, 1868–1870

Die Wandmalereien im Treppenhaus des Augustinermuseums, dem heutigen Naturhistorischen Museum, sind der erste grosse städtische Auftrag an Arnold Böcklin (1827–1901). Sie standen unter der Kritik ihrer Besteller.

Künstlerinnen und Künstler arbeiten frei und liegen doch überall in Fesseln. Diese Erfahrung machte Arnold Böcklin, als er von 1868 bis 1870 die Fresken für das Treppenhaus im Augustinermuseum realisierte. Schreitet man heute die Treppe unter der ‹Magna Mater›, der ‹Flora› und dem ‹Apoll› empor, blicken einen nicht nur Böcklins antike Gottheiten an, sondern auch zwei in Medaillons gefasste, groteske Fratzen. Was hat es auf sich mit diesen verzerrten Gesichtern?

Der Auftrag. Das vom Basler Architekten Melchior Berri (1801–1854) in einem neugriechischen Stil entworfene Augustinermuseum eröffnete 1849 als Universalmuseum, das in der oberen Etage die Kunstsammlung, unten die naturhistorische Sammlung beherbergte. Der Kunst- und Kulturhistoriker Jacob Burckhardt (1818–1897) und der Kupferstecher Friedrich Weber (1813–1882), beide Mitglieder der Kunstkommission des Museums, stellten im Jahr 1868 den Antrag, das karge Treppenhaus ausschmücken zu lassen. Arnold Böcklin sollte die drei rechtwinkligen Wandfelder über den Treppenabsätzen mit allegorischen Darstellungen verzieren, die Felder über den drei Fenstern mit je einer gemalten Büste. Böcklin hatte damit begonnen, sein mythologisch-antikisierendes Personal als Markenzeichen zu etablieren; er war auf dem Weg, zu einem der wichtigsten Vertreter des Symbolismus heranzuwachsen.

Der Maler erhielt zunächst dreitausend Franken für die ‹Magna Mater›, für die übrigen Wandbilder folgten zwölftausend Franken – ein Honorar, das auch die Gerüste und die Löhne der Hilfsarbeiter zu decken hatte.

‹Magna Mater›. Wie ein Gedicht in drei Strophen komponierte Böcklin den Aufgang zu den Ausstellungsräumen, wobei er die drei Elemente Wasser, Erde und Luft personifiziert in Gottheiten auftreten liess. Die ‹Magna Mater›, Inbegriff der schöpferischen Naturkraft und Urmutter, macht den Auftakt. Mischwesen aus Mensch und Tier stemmen

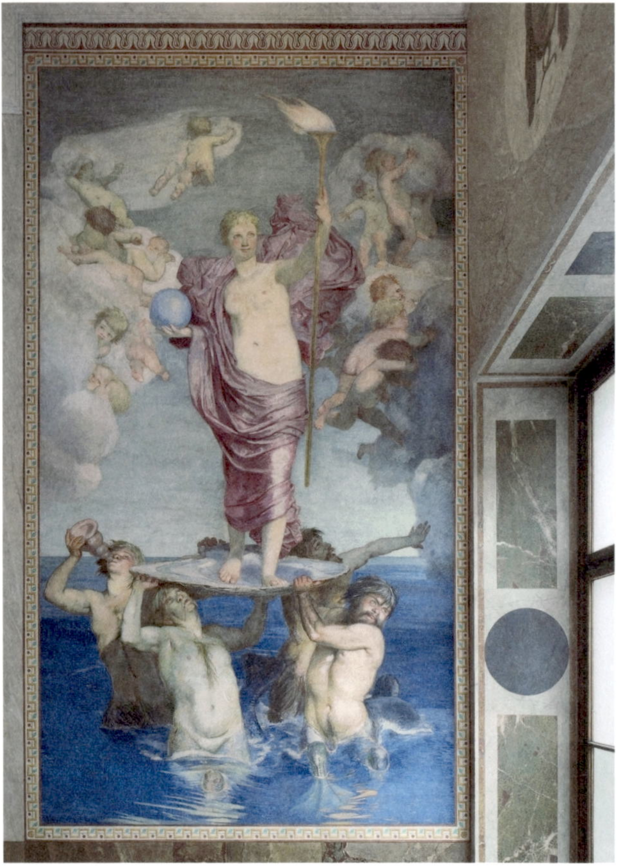

Arnold Böcklin, Wandbilder
(Fresko- und Seccomalerei), 1868–1870.
Naturhistorisches Museum Basel,
Treppenaufgang.
‹Magna Mater›, 475 × 269 cm.

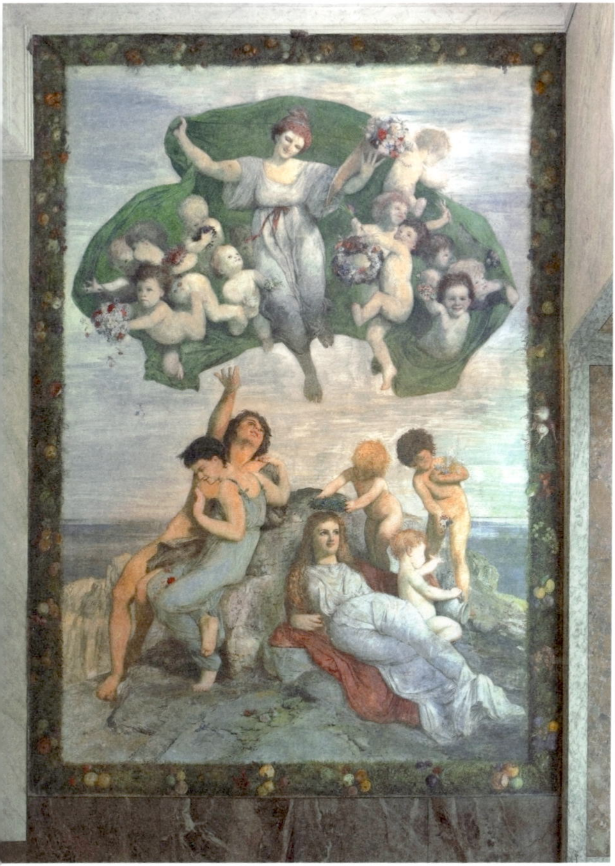

‹Flora›, 465 × 338 cm.

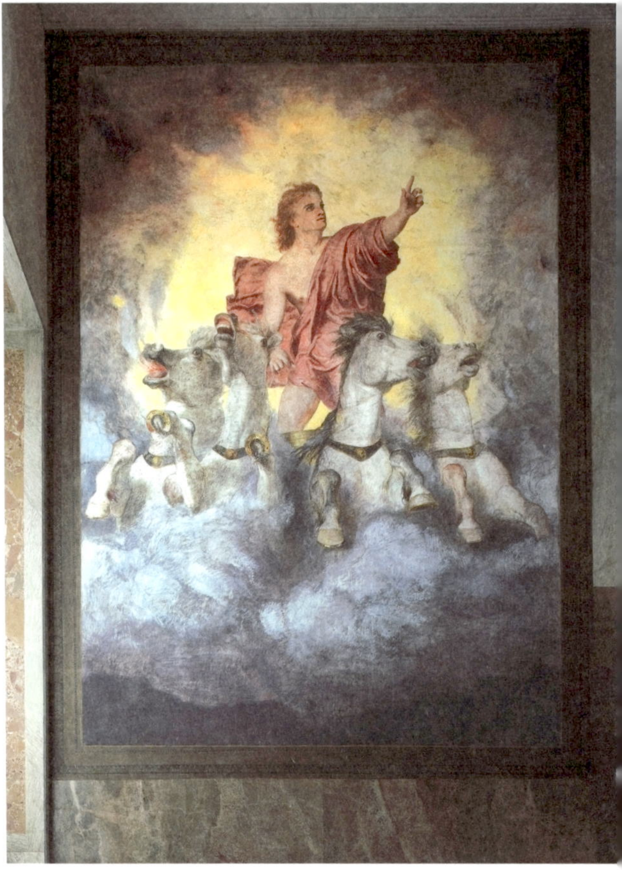

‹Apoll›, 454 × 338 cm.

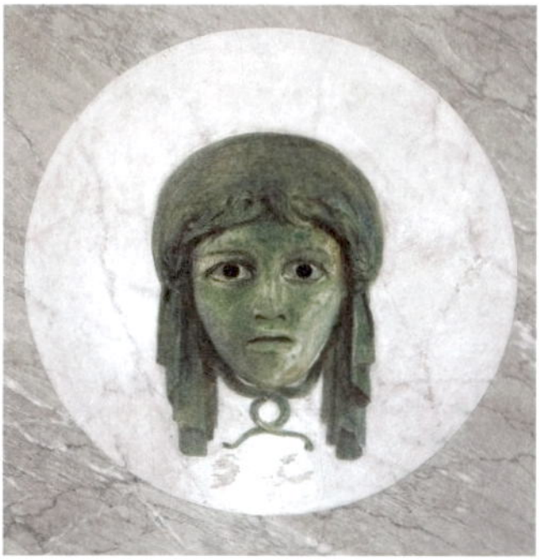

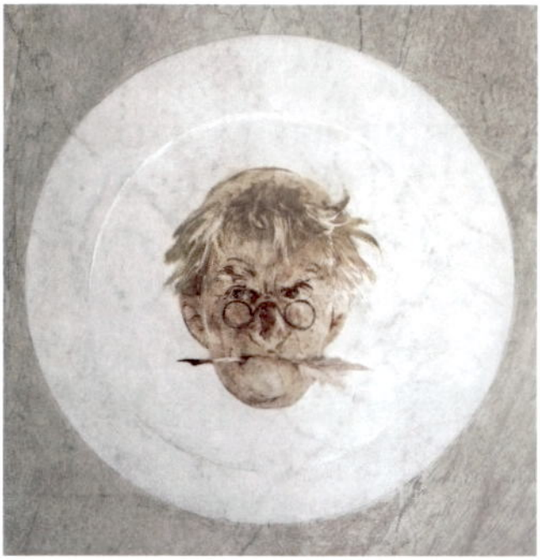

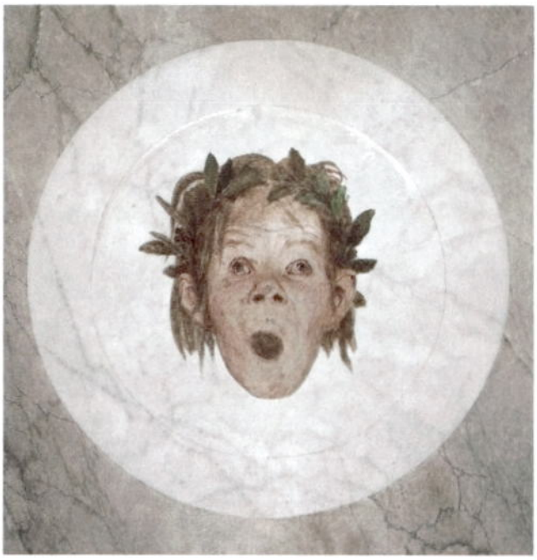

Drei Medaillons,
Durchmesser je ca. 120 cm:
‹Kopf der Medusa›;
‹Kritikus› (sog. verbissene Kritik);
‹Dumme Kritik›
(sog. Dummerling).

den Frauenakt auf einer Muschel über die Wellen des Meeres. Wolken mit stehenden und liegenden Putten umgeben die zentrale Figur. Sie trägt die Weltkugel und eine Fackel in den Händen. Als Rahmung des Bildfeldes gestaltete der Maler ein Mäanderband.

Zur Unterstützung für die umfangreichen Fresken engagierte Böcklin den Berliner Maler Rudolf Schick (1840–1887), den er in Rom kennengelernt hatte. Schick dokumentierte die Arbeit an den Wandmalereien schriftlich und berichtet unter anderem, wie Böcklin ein Modell besucht habe, um Vorstudien zur ‹Magna Mater› anzufertigen: «Böcklin hat heute 18/11 eine Dame besucht, die er durch Vermittlung ihrer Mutter fast nackt sehen durfte.» (Holenweg 1998, S. 173) Nachdem ihm das Gesicht der freskierten ‹Magna Mater› zu blass erschien, habe der Künstler entschieden, ihr zunächst in Rot vorgesehenes Gewand in ein kühles Violett abzuändern. Böcklin habe sich im Muschelträger rechts selbst porträtiert und für den Putto, der die Betrachtenden direkt anschaut, sein jüngstes Kind zum Vorbild genommen. Schon die ‹Magna Mater› hat nach Schicks Ausführungen Diskussionen provoziert. Während Jacob Burkhardt wiederholt neue Bildideen einbrachte – zum Beispiel wünschte er im Wasser zwei Delphine zu sehen –, war Böcklin von einem gegenteiligen Vorgehen überzeugt: Der Prozess des Malens sei ein kontinuierliches Begrenzen, ein Abschneiden überschüssiger Ideen, eine anhaltende Selbstkritik.

‹Flora›. Das zweite Wandfeld, ausgeführt vom 10. Juli bis Mitte Oktober 1869, ist der blumenstreuenden Flora gewidmet, der römischen Göttin der Blüte. Ihre Bildanlage übernahm der Maler von Raffaels ‹Verklärung Jesu› (1516–1520) in den Vatikanischen Museen. Flora ist hinterfangen von einem grünen Tuch, das auch eine Schar von Putten aufnimmt. Sie hält ein Füllhorn im linken Arm. In der unteren Bildhälfte liegen mit rotem Umhang an einen Felsen gelehnt vermutlich Gäa, die griechische Göttin der Erde, daneben und sich zugewandt eine Nymphe und ein Faun. Einer von drei spielenden Putti bekränzt die Göttin. Eine grüne Girlande mit Blumen, Früchten und Gemüse rahmt das Wandbild ein.

‹Apoll›. Das dritte Wandbild feiert mit Apoll den Gott des Lichts, der Weissagung und der Künste. Mit einer Hand lenkt er auf seinem Streitwagen die vier eingespannten Rösser, mit der anderen weist er in die Ferne. Unterhalb des Viergespanns und um die Szenerie herum ranken sich Wolken. Ein klassizistischer Rahmen umgibt das Fresko wie ein Tafelbild. Obwohl die oberste Stelle im Treppenhaus eine Steigerung erwarten liesse, wirkt Apolls Fresko im Vergleich zu den anderen weniger ausdrucksstark. Ein Konflikt um die Ausführung scheint die Kraft des ursprünglichen Bildentwurfs zerschlagen zu haben.

Eine Freundschaft zerbricht. Schon als Böcklin im Juli 1869 der Kommission seinen Entwurf für den ‹Apoll› vorlegte, schlugen ihm Bedenken entgegen: Er solle die Extremitäten der in starker Untersicht dargestellten Pferde mit Nebelwolken bedecken. Obwohl Böcklin dem Wunsch nachkam, überwarf sich der Maler mit der Kunstkommission, deren Präsident Eduard His-Heusler (1820–1905) Böcklin nach Vollendung des Freskos vorwarf, er habe die Erwartungen nicht erfüllt und solle daher ein neues Bild malen. Der Gott der Künste war offenbar der Freundschaft mit Jacob Burckhardt nicht gut gesonnen. Der Renaissanceforscher hatte Böcklin einst ermutigt, nach Italien zu reisen, er war sein Trauzeuge gewesen bei der Hochzeit mit Angela Pascucci (1836–1915) und hatte ihn angeregt, sich mit der Antike auseinanderzusetzen. Über das Treppenhaus des Museumsneubaus kam es zum Bruch.

Die Medaillons. Mit den daraufhin gestalteten drei Medaillons über den Fenstern dürfte sich der Künstler an der nörgelnden Kunstkommission gerächt haben. Zwei Schlangen umfangen das Gesicht der Medusa, deren Augen in Schicks Worten «stechend gerade auf den Zuschauer gerichtet sind» (Pfister-Burkhalter 1977, S. 79). Der grausige Anblick solle die ‹Magna Mater› umso lieblicher erscheinen lassen. Beim zweiten Medaillon trägt ein Kritiker einen Zwicker und hat eine Schreibfeder im Mund; den Dritten, der Nase und Mund weit aufreisst, ziert ein Lorbeerkranz. Am 22. Januar 1870 beschloss die Kommission, die Masken entfernen zu lassen. Welcher Umstand sie schliesslich am Ort hielt, ist unbekannt.

Wer war Arnold Böcklin? Zunächst hatte der 1827 in Basel geborene Künstler zwei Jahre, von 1845 bis 1847, an der Düsseldorfer Kunstakademie gelernt. In den 1850er-Jahren noch hatte Arnold Böcklin dann jede Gelegenheitsarbeit ergriffen, um seine Frau Angela Pascucci und ihre wachsende Kinderschar versorgen zu können. Nachdem er Rom 1857 wegen einer drohenden Verhaftung fluchtartig verlassen musste – die Tante seiner Frau wollte die Verbindung verhindern –, liess sich die Familie nach einem kurzen Aufenthalt in Basel 1858 in München nieder. Dort erkrankte der Künstler an Typhus, einer seiner Söhne starb wenige Monate nach der Geburt. Nur dank der Unterstützung der aus Basel stammenden Malerin und Mäzenin Emilie Linder konnte sich Böcklin erholen und 1860 eine Stelle als Lehrer für Landschaftsmalerei an der Kunstschule in Weimar antreten. Doch bereits nach zwei Jahren ging er zurück nach Rom. 1866 liess er sich in Basel nieder, wo die Familie zunächst eine Mietwohnung in Kleinbasel, dann in der St. Johanns-Vorstadt bezog. In der Nähe der Klingentalkaserne richtete der Künstler sein Atelier ein, später arbeitete er in der Malzgasse. Böcklin war einundvierzig, als er mit der Arbeit an den Museumsfresken begann. Es war das Jahr, als seine sechsjährige Tochter Lucie beim Spielen mit Holzbalken tödlich verunglückte. Und ein Jahrzehnt, bevor der Münchner Kunsthändler Fritz Gurlitt (1854–1893) regelmässig Böcklins Werke verkaufen und so die prekäre Situation des Künstlers entschärfen konnte. Vor dem Hintergrund persönlicher Schicksalsschläge wirkt der wiederholte Wohnsitzwechsel mit Stationen in Rom, Basel, München, Weimar, Zürich und Florenz wie ein Aufbruch ins Neue und ins Vergessen. Böcklin starb am 16. Januar 1901 in Fiesole bei Florenz. Zu dieser Zeit hatte er längst internationale Anerkennung erlangt.

↘ Andree, Rolf u.a.: Arnold Böcklin. Die Gemälde, Basel und München 1998.
↘ Borchhardt, Kerstin: Böcklins Bestiarium. Mischwesen in der modernen Malerei, Berlin 2017.
↘ Holenweg, Hans, in Zusammenarbeit mit Zelger, Franz: Arnold Böcklin. Die Zeichnungen, Basel 1998.
↘ Pfister-Burkhalter, Margarethe: Arnold Böcklin. Die Basler Museumsfresken, Basel 1951.
↘ Pfister-Burkhalter, Margarethe: Böcklins Basler Museumsfresken, in: Arnold Böcklin, 1827–1901: Gemälde, Zeichnungen, Plastiken, Ausst.-Kat. Kunstmuseum Basel 1977, Basel 1977, S. 69–80.
↘ Schneller, Daniel: Magna Mater, Flora, Apollo und die Rache Böcklins an seinen Kritikern. Zur Restaurierung des Haupttreppenhauses im Naturhistorischen Museum Augustinergasse 2, Kantonale Denkmalpflege Basel-Stadt, Jahresbericht 2013, S. 40–41.

Ein Porträt zwischen Ideal und Wirklichkeit

Emilie Linder, Bildnis der Baronin Auguste von Eichthal, um 1855

Emilie Linder vermachte der Öffentlichen Kunstsammlung Basel Mitte des 19. Jahrhunderts ihre hochkarätige Kunstsammlung. Ebenso brillierte die Mäzenin als Malerin. Ihr Porträt der Baronin Auguste von Eichthal bezeugt es.

Kein expressiver Pinselstrich, keine Signatur, kein malerisches Ausrufezeichen deutet in dem um 1855 entstandenen Porträt der Auguste von Eichthal auf die faszinierende Vita ihrer Malerin Emilie Linder (1797–1867) hin. Ein Leben, das es in sich hat. Und ein Kleinod, für das es sich lohnt, einmal mehr in der Altmeistersammlung des Basler Kunstmuseums Halt zu machen.

Das Porträt der Baronin Auguste von Eichthal. Mit präzis aufgesetztem Pinsel schildert Emilie Linder ihre Freundin Auguste von Eichthal (1835–1932) im Alter von etwa 20 Jahren. Linder behandelt die Oberfläche des Bildes ebenmässig wie Porzellan, kaum ein Pinselstrich und keine Leinwandstruktur sind zu erkennen. Entrückt thront die Baronin von Eichthal im Bild, ihr Gesicht ist makellos. Ihr dunkelrotes Kleid mit eingeschnürter Taille und ausladenden Ärmeln kontrastiert die Blässe von Schultern und Dekolleté, zu dem eine filigran ausgeführte weisse Spitzenborte überleitet.

Linder positioniert die junge Frau vor einem einfarbigen, grünen Hintergrund und verzichtet darauf, mit weiteren Gegenständen die Bilderzählung zu erweitern. Einzig der Schmuck der jungen Dame verrät etwas über ihren Wohlstand. Sie trägt eine sogenannte Ferronnière, ein Stirnband mit einem mittigen Schmuckstück aus Gold mit Anhänger. Die zweiteilige Form taucht als Ohrring mit eingefasstem Stein noch einmal auf. Das sorgsam gescheitelte und in kleinen Haarwindungen hochgesteckte dunkle Haar, das Linder durch Lichtreflexe akzentuiert, setzt Auguste von Eichthal gleichsam eine Krone auf. Linder malt von Eichthal mit einem Kleid und einer Frisur in der Mode des Biedermeiers. Das Porträt wie auch ihre anderen Gemälde hat die Malerin nicht signiert; ihre eigene Persönlichkeit tritt hinter das Werk zurück. Die Diskretion der Urheberin entspricht einer Kunstbewegung, welche Kunst und Christentum aufs Engs-

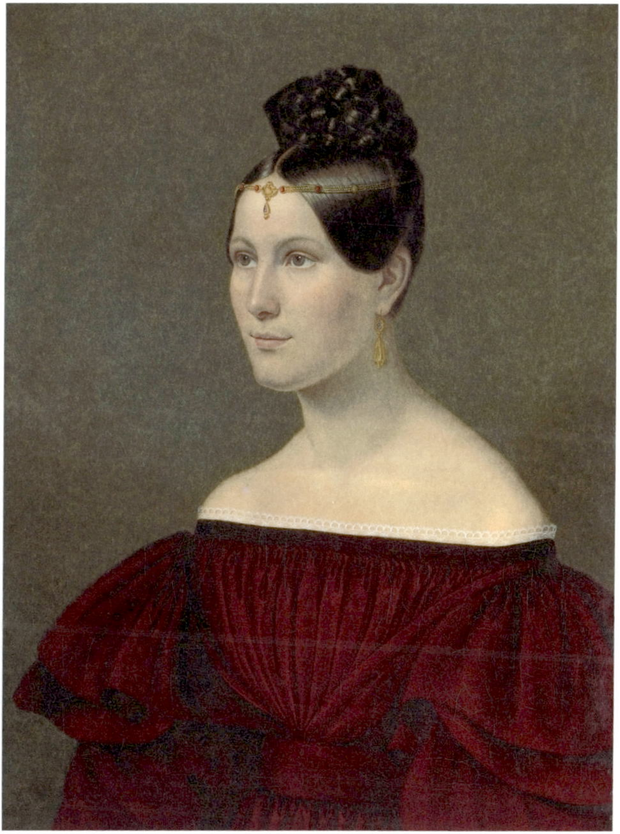

Emilie Linder, Bildnis der Baronin Auguste von Eichthal, um 1855.
Öl auf Leinwand, 66 × 51,5 cm.
Kunstmuseum Basel

te verknüpfte und in Rom eine Kolonie gegründet hatte, um die Kunst der Gotik und der Renaissance im Sinn und Geist der eigenen Zeit neu erblühen zu lassen. Vertreter:innen der romantisch geprägten ‹Nazarener›, denen sich Emilie Linder sowohl als Malerin wie auch als Sammlerin verschrieben hatte, waren etwa die Konstanzer Malerin Marie Ellenrieder, Friedrich Overbeck oder Julius Schnorr von Carolsfeld.

Frühe Schicksalsschläge. Emilie Linder wuchs in Basel am Blumenrain in einer wohlhabenden Basler Familie auf, die verschiedene Liegenschaften zwischen Blumenrain und Petersplatz sowie an der Mittleren Strasse und der Missionsstrasse besass. Als sie elf Jahre alt war, starb ihre Mutter Anna Margaretha Dienast-Linder (1775–1809), mit dreizehn verlor sie auch ihren Vater Franz Lukas Linder (1770–1811). Seither lebte Linder mit ihren beiden Schwestern bei den Grosseltern Anna Margaretha und Johann Konrad Dienast-Burckhardt (1746–1818 bzw. 1741–1824). Der Jurist und Wirtschaftsverwalter der Peterskirche nahm seine Enkelin mit zu Ausstellungen und Sammlern, wo sie private Kabinette mit Kunstwerken, naturwissenschaftlichen Objekten und Kuriositäten kennenlernte. Neben Französisch, Philosophie, Literatur und Musik erhielt Linder Zeichen- und Malunterricht. Bereits mit sechzehn Jahren äusserte Linder, sie wolle Historienmalerin werden. Sie war neunzehn, als ihr der Grossvater seine eigene Kunstsammlung vererbte – die Dienast-Sammlung zählte zu den wichtigsten Privatsammlungen in Basel. «Durch ihre zu Kunst und Wissenschaft hegende Liebe und Kenntnis» sei seine Enkelin «einer solchen Schenkung vollkommen würdig.» (Thommen 2013, S. 73)

Ein unkonventioneller, selbstbestimmter Lebensentwurf. Das geerbte Vermögen ermöglichte Emilie Linder ein Leben in Unabhängigkeit. Früh hatte sie erklärt, nicht heiraten zu wollen. Nach dem Tod des Grossvaters 1824 reiste sie nach München, um an der Akademie der Bildenden Künste Historienmalerei zu studieren. Frauen waren dort seit 1813 zum Studium zugelassen – ein Recht, das bereits 1842 wieder aufgehoben werden sollte. Von Anfang an zeigte sich Linder bestens vernetzt. In München lebte sie zunächst bei der Familie von Johann Nepomuk Ringseis, dem Medizinalrat und Kunstberater von König Ludwig I. Dort lernte sie die Kunst der Nazarener kennen und begann im Stil dieser sogenannten Deutschrömer zu arbeiten. Porträts und religiöse Themen waren ihre Sujets.

Basel, München, Rom. Allerdings verliess Linder die Münchner Kunstakademie nach kurzer Zeit, um beim Historienmaler Joseph Schlottauer Privatunterricht zu nehmen. Bevor sie im Jahr 1832 vollständig nach München übersiedelte, lebte Linder wechselweise in München und Basel, wo sie bei ihrer einzigen noch verbliebenen Schwester unterkam, bis sie 1826 das Haus am Petersplatz 14 erwarb.

Nachdem Linder bereits 1825 Italien besucht hatte, reiste sie 1829 mit Rosalie Wieland-Rottmann und Carolina Cornelius, einer gebürtigen Römerin, nach Rom. Frauen war das Reisen ohne männliche Begleitung nur in kleinen Gruppen erlaubt. In Rom nahm Linder bei Friedrich Overbeck Unterricht, freundete sich mit ihm an und kaufte seine Werke. Überdies erwarb Emilie Linder in Italien Kunst direkt aus den Ateliers von Künstler:innen.

Im gesellschaftlichen Mittelpunkt. In ihrer Wohnung in München etablierte Emilie Linder einen Salon, in dem die geistige Elite der Stadt verkehrte, unter ihnen etwa der Dichter Clemens Brentano, der Künstler und Akademie-Direktor Peter von Cornelius, der Philosoph Friedrich Wilhelm Joseph Schelling, die Krankenhausstifterin Apollonia Diepenbrock, die Malerin Barbara Popp oder der Medizinalrat Ringseis. Überdies lud sie jeden Donnerstag zu einem Mittagstisch. In München hatte Linder wohl auch Auguste von Eichthal kennengelernt. Sie entstammte einer bedeutenden Hofbankiersfamilie in Baden und Bayern, ihr Grossvater, der Oberhoffaktor und Königlich Bayerische Bankier Aaron Elias Seligmann, war 1814 als Freiherr von Eichthal geadelt worden. Emilie Linder und Auguste von Eichthal blieben beide unverheiratet und führten ein selbstbestimmtes Leben.

Emilie Linder und die Öffentliche Kunstsammlung Basel. Zurück nach Basel. Im Jahr 1849 eröffnete an der Basler Augustinergasse der neue Museumsbau des Architekten Melchior Berri, bereits seit 1841 hatte man darum geworben, dieses Vorhaben finanziell zu unterstützen. Vermutlich in diesem Kontext schenkte Emilie Linder zwischen 1841 und 1867 der Öffentlichen Kunstsammlung rund dreihundert Werke von über sechzig zeitgenössischen Maler:innen, die im Stil der Nazarener arbeiteten. Weiter überliess sie dem Museum die grossväterliche Dienast-Sammlung, von der ein Teil heute auch im Historischen Museum Basel aufbewahrt wird. Für heutige Besucher:innen des Kunstmuseums ist nicht leicht ersichtlich, wie stark Linder die Öffentliche Kunstsammlung geprägt hat, doch stammen aus ihrem einstigen Besitz nicht nur wichtige Werke etwa von Konrad Witz, David Teniers d.J., Julius Schnorr von Carolsfeld oder Joseph Anton Koch, sondern auch ein umfassender Bestand an Druckgrafiken von Albrecht Dürer, Lucas van Leyden und Rembrandt.

Die Wohltäterin. Die Kunstmäzenin war auch karitativ engagiert. Motiviert durch ihren katholischen Glauben, zu dem Emilie Linder 1843 konvertiert war, stiftete sie beispielsweise 6000 Franken für ein katholisches Spital in Basel, ein Vorläuferprojekt des heutigen Claraspitals, und spendete eine beträchtliche Summe für die Marienkirche, die erste nach der Reformation neu gebaute katholische Kirche in Basel. Vielfach kümmerte sich Linder auch um Künstler:innen in Notlage. Als der noch wenig bekannte Arnold Böcklin (1827–1901) in München an Typhus erkrankt war, wurde Emilie Linder um Hilfe ersucht. Angela Böcklin berichtet, wie Linder sie nach Weihnachten 1857 besucht hatte und ihnen schon am nächsten Tag «reichlich Geld und vierundzwanzig Flaschen des reinsten Bordeaux» zukommen liess. «Sie hat uns vor allem über Wasser gehalten.» (Runkel 1910, S. 83)

Die vielseitig begabte Emilie Linder galt zu ihren Lebzeiten vor allem als berühmte Sammlerin, die sich tatkräftig für gesellschaftliche Belange einsetzte und dem Leben engagiert, mitfühlend und künstlerisch begegnete. Ohne ihr Engagement sähe Basel heute anders aus.

↘ Arnold, Claus: Frauen und ‹Modernisten›. Ein Kreis um Augusta von Eichthal, in: Wolf, Hubert (Hg.): Antimodernismus und Modernismus in der katholischen Kirche. Beiträge zum theologiegeschichtlichen Vorfeld des II. Vatikanums (Programm und Wirkungsgeschichte des II. Vatikanums 2), Paderborn 1998, S. 241–265.
↘ Bischoff, Teresa: Kunst und Caritas – Leben und Werk der Kunstsammlerin, Mäzenin und Malerin Emilie Linder, Petersberg 2014.
↘ Braun, Patrick / Gampp, Axel Christoph (Hg.): Emilie Linder, 1797–1867: Malerin, Mäzenin, Kunstsammlerin, Basel 2013.
↘ Jent, Verena: Emilie Linder 1797–1867. Studien zur Biographie der Basler Kunstsammlerin und Freundin Clemens Brentanos, Berlin 1970.
↘ Runkel, Ferdinand (Hg.): Böcklin Memoiren. Tagebuchblätter von Böcklins Gattin Angela mit dem gesamten brieflichen Nachlass, Berlin 1910.
↘ Stiften und Sammeln für die Öffentliche Kunstsammlung Basel. Emilie Linder, Jacob Burckhardt und das Kunstleben der Stadt Basel, Ausst.-Kat. Kunstmuseum Basel 1997, Basel 1997.
↘ Thommen, Heinrich: Zur religiösen und ästhetischen Bildung von Emilie Linder, in: Braun/Gampp 2013, S. 66–81.

Ein Heiliger für alle Fälle

Thomas Schütte, ‹Hase›, 2013

Thomas Schüttes ‹Hase› im Teich hinter der Fondation Beyeler ist vieles zugleich: Wasserspeier, Heiliger, Wächter, Witzfigur und Gesprächspartner.

«Wenn die Sprache versagt, dann müssen die Hände das machen», sagt der 1954 geborene Thomas Schütte (Gespräch mit Theodora Vischer, Fondation Beyeler, 2014). Damit weist Schütte auf das Potenzial der Kunst hin, etwas auszudrücken, was sich in seiner Mehrdeutigkeit sprachlich nicht artikulieren lässt. Dafür ist der vier Meter hohe ‹Hase› ein Beispiel. Wie ein in sich zusammengesunkener Riese hockt die patinierte Bronzefigur im Seerosenteich nordseits der Fondation Beyeler. Sie bricht mit den gewohnten Bildern von Wasserskulpturen und Brunnenmonumenten. Keine Statue eines Meeresgottes blickt die Besucherinnen und Besucher an, keine mit technischer Finesse programmierte Fontaine, sondern ein groteskes Wesen, das ohne sichtbaren Sockel direkt über der Wasseroberfläche montiert ist. Es wirkt, als hätte der Bildhauer den Dürer'schen ‹Feldhasen› (Aquarell, 1502) mit der Venus von Willendorf (Kalkstein, ca. 30000–25000 v. Chr.) gekreuzt und hundertfach vergrössert.

Ein Familienprojekt. Doch die Figur ist alles andere als das Ergebnis kunsthistorischer Reflexionsarbeit: «Der Hase, der vorm Beyeler steht, der ist nicht von mir, der ist von meiner Tochter», erklärte der Künstler in einem Interview (Deutschlandfunk 2021). Die Tochter hatte bei einer Bastelstunde mit Freundinnen aus Tonresten eine hasenähnliche Figur geformt. Es sollte ein Universalheiliger sein für Weihnachten, Ostern und Halloween. Schütte nahm die kleine Figur an sich, glasierte sie in Rot und liess sie brennen, woraufhin sie einige Jahre auf einer Anrichte stand. Im Zuge der Vergrösserung anderer handgrosser, modellierter Stücke gab er dem Modellbauer den Hasen mit und liess ihn mit einem 3-D-Scanner zu einer vier Meter hohen Styroporfigur anwachsen. Nachdem der Styroporhase als Dekoration zur Geburtstagsparty seines damals 17-jährigen Sohnes gedient hatte, empfahl dieser, der Hase müsse Wasser spucken. So erweiterte der Künstler die Plastik um das bewegte Element Wasser. Später fräste er mit einem Mitarbeiter die Konturen, modellierte die Augen, isolierte

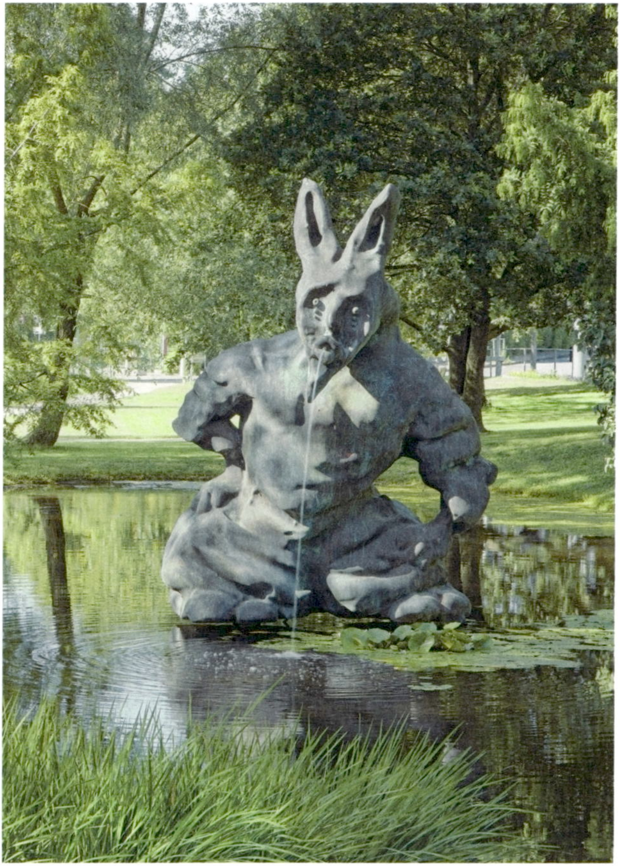

Thomas Schütte, ‹Hase›, 2013.
Bronze, patiniert, H ca. 400 cm.
Fondation Beyeler, Riehen/Basel

und stabilisierte das Modell, um in der Kunstgiesserei Kayser in Düsseldorf einen Bronzeguss herstellen zu lassen. Als der Bildhauer für die Fondation Beyeler die Ausstellung ‹Figur› (2013/14) vorbereitete, erkannte er im Teich den idealen Aufstellungsort. Seither thront der Hasenriese im Weiher und blickt, sichtbar von innen wie von aussen, auf den Museumsbau von Renzo Piano.

Ein monumentales Fabeltier. Es lohnt, sich direkt vor diesem monumentalen Tier niederzulassen, zum Beispiel mit einem der im Park stehenden Stühle. Was für eine Gestalt unter den aufgerichteten Ohren! Blickt man dem Hasen ins Gesicht, so trägt er abstrahierte, menschliche Konturen: Das zugespitzte Kinn mündet in einen Ziegenbart. Statt runder Wangen graben sich zwei Furchen in die beiden Gesichtshälften, die in die Augenhöhlen übergehen und erst mit den beiden Brauenbögen ihren oberen Abschluss finden. In diesen beiden Tälern prangen kugelrunde Augen, aus denen je zwei kleine Tränen tropfen. Aus dem vorgewölbten Mund mit geschürzten Lippen spritzt in einem leichten Bogen ein Wasserstrahl. Der Hase besitzt eine bemerkenswerte Körpermasse an Beinen, Bauch und Hüfte, sodass er an einen japanischen Sumoringer denken lässt, dessen Rumpf die Wasserringe aufzunehmen scheint, die sich um das ausgespiene Wasser bilden. Seine Arme hat er angewinkelt und die Hände in die Hüfte und auf den Oberschenkel gestemmt; eine kraftvolle Geste, die jedoch nicht recht passen will zu den Tränen im Gesicht. Schütte weiss in seinem Hasen eine Vielzahl von Emotionen zu verdichten: Macht und Trauer, Kraft, Gelassenheit sowie Komik. Trotz seiner Grösse spricht er dem Tier alles Heroische ab; eher als der Denkmalskunst knüpft es mit dem leise plätschernden Wasser an eigenwillige Figuren an, wie sie in Renaissancegärten auftauchen, etwa im Park der Villa d'Este in Tivoli.

Schütte arbeitet crossmedial. Thomas Schütte lernte an der Kunstakademie in Düsseldorf unter anderem bei Gerhard Richter sowie Fritz Schwegler. Früh hat er begonnen, crossmedial zu arbeiten, und neben seinen Aquarellen Figuren und Modelle aus verschiedensten Materialien in sein Repertoire aufgenommen: Muranoglas, Keramik, Fimo-Knetmasse oder Bronze. Schüttes fiktive Architekturmodelle, anfangs als Skulpturen konzipiert, haben mittlerweile konkrete bauliche Aufträge nach sich gezogen. So entstand 2018 auf dem Gelände des Vitra Design Museum in Weil am Rhein das skulpturale Blockhaus auf Basis eines Schütte-Modells, ein Unterstand aus Polarkieferholz auf sechseckigem Grundriss mit Wasserstelle. Bekrönt hat Schütte den Kubus durch ein Titan-Zink-Ziegeldach, dessen schillernder Glanz das helle Kiefernholz kontrastiert. Mit dem Wasserspender erinnert der Holzbau an eine Kapelle mit Weihwasserbecken.

Neben dem Hasen und dem Blockhaus findet sich in der Region Basel mit dem ‹Dritten Tier› (patinierte Bronze und Wasserpumpe, 2017, Baloise Kunstsammlung) eine weitere öffentlich zugängliche Arbeit von Thomas Schütte. Dieses tierische Fabelwesen stösst Nebel aus seinen Nüstern über den Platz vor der Baloise Versicherung in der Nähe des Bahnhofs SBB. Ähnlich wie der Hase oszilliert diese Bronzeplastik zwischen verschiedenen Wesen, ist Drache, Elch, Seehund und Fisch in einem. Doch Schütte, der die traditionelle Plastik mit modernen Fertigungstechniken ins 21. Jahrhundert überführt hat, beherrscht auch das kleinere Format: 2014 liess er sich mit skurril-gespenstischen Larven für die Clique ‹Alti Richtig› auf die Basler Fasnacht ein. Ganz gleich, welches Format Schütte wählt, seine Fragestellungen bleiben zeitlos: Wer sind wir und wie fühlen wir uns?

↘ Deutschlandfunk: Interview mit Thomas Schütte, Moderation: Britta Bürger, 19.11.2021, Audiobeitrag auf https://www.deutschlandfunkkultur.de/bildhauer-und-zeichner-thomas-schuette-100.html (abgerufen am 07.08.2023).

↘ Fondation Beyeler: Thomas Schütte im Gespräch mit Theodora Vischer, 21.01.2014, https://www.youtube.com/watch?v=peQLTA2KX3M, abgerufen am 12.04.2023.

↘ Trummer, Thomas D. (Hg.): Thomas Schütte, Ausst.-Kat. Kunsthaus Bregenz 2019, Köln 2019.

↘ Vischer, Theodora (Hg.): Figur: Thomas Schütte, Ausst.-Kat. Fondation Beyeler Riehen 2013, Köln 2013.

↘ Vischer, Theodora (Hg.): Fondation Beyeler: Die Sammlung, Basel 2017.

Wege ins Himmelreich

Galluspforte, um 1170

Die Galluspforte kombiniert ein Gewändeportal mit der Form eines römischen Triumphbogens und weist einen irdischen Weg, der ewiges Leben in Aussicht stellt.

Heute boomen Ratgeber für alle Lebensbereiche, versprechen Erfüllung und Zugang zum Sinn unseres Daseins. Im Mittelalter hingegen liess man Bilder sprechen. Kirchenportale dienten nicht nur als Schwelle zum Innenraum, sondern wiesen mit einem speziellen Bildprogramm den Weg zu einem im christlichen Sinn guten Leben. Denn in Stein gehauene Geschichten waren die Bücher auch für jene, die nicht lesen konnten. In Basel ziert nicht die Westfassade des Münsters, sondern der Eingang zum Nordquerhaus ein solch sprechendes, aufwendig ausgearbeitetes Portal: die Galluspforte aus der Zeit um 1170. Es handelt sich dabei um das älteste erhaltene Figurenportal im deutschsprachigen Raum und um eines der bedeutendsten Portalensembles im Oberrheingebiet. Den Namen ‹Gallus› übernahm die Pforte von einem dem heiligen Gallus geweihten Altar unweit des Seiteneingangs im Innern des Münsters, der im Jahr 1272 erstmals erwähnt wurde.

Die Nordquerhausfassade. Die Galluspforte fügt sich in die bis zum Giebel 31,5 Meter hohe Schaufassade des Westquerhauses. Sie setzt sich aus drei Zonen zusammen: Zuunterst öffnet ein Portal in Form eines Triumphbogens die Wand in den Kirchenraum. Das Radfenster darüber von fünf Metern Innendurchmesser erinnert mit steigenden und fallenden Figuren an die Wechselhaftigkeit des Lebens: Das Glücksrad ermahnt dazu, Christus zu folgen, anstatt sich den launischen Machenschaften der Göttin Fortuna auszusetzen. Die Giebelzone mit einem Masswerkfenster sowie einem Rechteckfenster schliesst die Front ab. Die Fassade und ihr Bildprogramm stehen inhaltlich im Zusammenhang mit der historischen Funktion des Kleinen Münsterplatzes vor der Kirche: Hier gaben die beiden bischöflichen Gerichtshöfe unter der grossen Gerichtslinde ihre Urteile bekannt, und es wurde Recht gesprochen.

Triumphbogen. Mehr noch als der Name lassen die architektonische Portalkomposition sowie die figurativen Erzählungen aufmerken. Die Pforte ver-

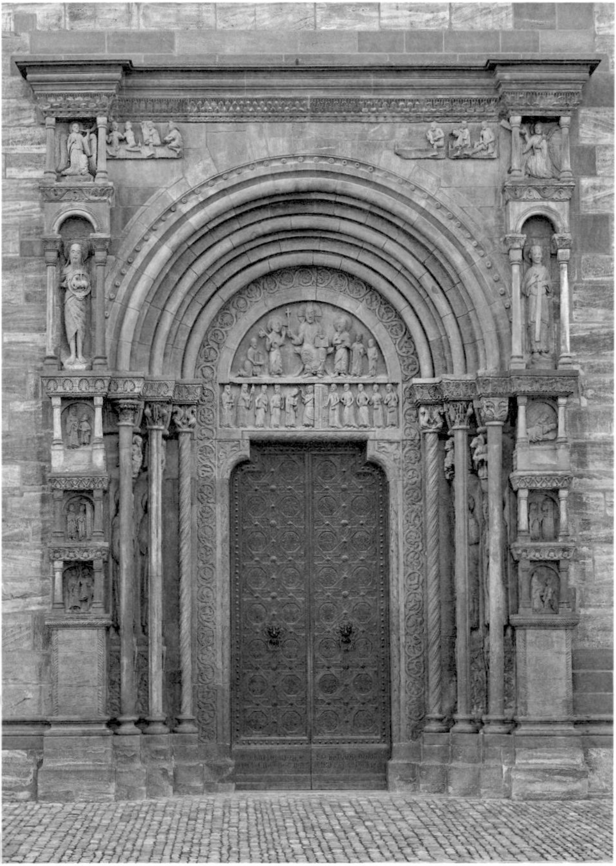

Galluspforte, um 1170.
Basler Münster,
Nordquerhausfassade

bindet einen vorgeblendeten, rahmenden Triumphbogen mit einem Gewändeportal, dessen schräger Einschnitt in die Mauer Flächen bietet für künstlerischen Schmuck. Die Galluspforte unterscheidet sich von zahlreichen Portalen derselben Zeit, deren furchteinflössendes Jüngstes Gericht mit Fegefeuer, Monstern und Teufeln die Qualen sündiger Menschen vor Augen führen. Basels Westfassade stellt einen diesseitigen, handlungsbezogenen Weg vor, um die Höllenqualen zu umgehen.

Wie gelangte der Triumphbogen an die Basler Kirchenfassade? Vielfach stellt die Forschung den Bezug her zum 160 Kilometer entfernten Besançon und der dortigen ‹Porte Noire›, einem Ehrenbogen aus dem 2. Jahrhundert nach Christus. Diese überspannt eine alte Römerstrasse, die zum Hauptportal der Kathedrale am nördlichen Seitenschiff führt. Basel zählte zur Erzdiözese Besançon, dem Metropolitansitz, der mehrere Bistümer zusammenfasste. Daher liegt es nahe, dass die Baumeister und Bildhauer die ‹Porte Noire› als Erinnerung an den kirchlichen Hauptort nach Basel transferierten.

Das gute Leben. Das Portal präsentiert ein ungewöhnliches Bildprogramm: In den Pfeilern des Triumphbogens sind seitlich der Tür und eingelassen in kleine Gehäuse oder ‹Ädikulen› sechs Werke der Barmherzigkeit dargestellt, wie sie Jesus in einer Predigt im Matthäusevangelium zusammenfasste: «Denn ich bin hungrig gewesen, und ihr habt mir zu essen gegeben. Ich bin durstig gewesen, und ihr habt mir zu trinken gegeben. Ich bin ein Fremder gewesen, und ihr habt mich aufgenommen. Ich bin nackt gewesen, und ihr habt mich gekleidet. Ich bin krank gewesen, und ihr habt mich besucht. Ich bin im Gefängnis gewesen, und ihr seid zu mir gekommen.» (Mt 25, 35–36) Der rechte Pfeiler zeigt unten die Speisung eines Hungrigen: Eine modisch gekleidete Frau reicht einem Mann an Krücken ein Brot. Darüber besucht eine Barmherzige einen Gefangenen, und zuoberst kümmert sich eine Wohltäterin um einen bettlägerigen Kranken. Im linken Pfeiler oben reicht erneut eine Frau einem als Pilger gewandeten kleinen Mann einen Kelch. In der Mitte wird ein in ein fellartiges Gewand gekleideter Fremder beherbergt. Darunter schliesslich gibt ein Mann mit gekröntem Haupt einem Leidenden ein Kleidungsstück. Denn «was ihr getan habt einem von diesen meinen geringsten Brüdern, das habt ihr mir getan», erläutert Jesus das Gleichnis. Der Torbau mit seinen Handlungsempfehlungen wies damit im städtischen Lebensraum Wege im Diesseits, um das ewige Leben zu erlangen. Hervorzuheben ist ferner der Umstand, dass die Galluspforte in mindestens vier Fällen eine Frau als barmherzig ausweist.

Über den Barmherzigkeitsdarstellungen erheben sich auf dem Pfeiler links Johannes der Täufer und rechts Johannes der Evangelist. Den figürlichen Abschluss der Pfeiler bildet je ein Engel, der die Posaune bläst, während sich in den Zwickeln der Wandfläche Tote aus ihren Gräbern erheben. Das Portal verkleinert sich über drei Stufen nach innen, vor jede Abtreppung ist eine Säule gesetzt. Die Verzierung der Säulenschäfte und Kapitelle steigert sich von aussen nach innen. Hinter den Säulen erscheinen als Gewändefiguren fast lebensgross die vier Evangelisten: Matthäus mit dem Engel, Johannes mit dem Adler, Markus mit dem Löwen und Lukas mit dem Ochsen. Die bronzenen Türflügel stammen vom Ende des 19. Jahrhunderts.

Kluge und törichte Jungfrauen. Auf dem Türsturz erwarten die fünf klugen Jungfrauen mit brennenden Lampen die Ankunft des Bräutigams. Rechts daneben stehen verzweifelt die fünf törichten Jungfrauen. Sie kamen zu spät, sie werden nicht mehr eingelassen zum Hochzeitsfest (Mt 25, 1–13), worauf sie beklagen, dass sie ihre Lampen nicht rechtzeitig mit Öl gefüllt hatten. Während die mittelalterliche Deutung der Parabel zur wachsamen Vorbereitung aufs Jüngste Gericht ermahnte, liesse sich heute auch ausserhalb aller heilsgeschichtlichen Logik fragen: Worauf gebe ich acht im Leben? Wie sorge ich dafür, dass für die wichtigen Dinge Zeit bleibt? Oder auch: Mit wem ist eine Gemeinschaft aufgrund zu unterschiedlicher Meinungen nicht möglich?

Die Wiederkunft Christi. In der Mitte des Bogenfelds thront auf einem Löwensessel Christus mit einem Buch und einer Kreuzesfahne, flankiert von den Aposteln Petrus und Paulus. Links von Petrus kniet ein Mann mit dem Modell eines Portals in den Händen, rechts von Paulus führt ein Engel eine Frau zum Thron. In den beiden Seitenfiguren hat sich das Stifterpaar abbilden lassen; die Identität der Geld- und Auftraggeber ist allerdings nicht bekannt. Rundwülste umschliessen das Tympanon nach oben. Sie waren im Mittelalter wie das gesamte Portal farbig bemalt. Insgesamt schildert das Portal die Wiederkunft Christi am Ende der Zeiten und wie sich der Weg ins Himmelreich vorbereiten lässt, mitten im Leben. Dafür haben die Bildhauer wiederholt die Symbolik der Tür aufgegriffen. Entweder geschlossen oder geöffnet, trennt sie die klugen von den törichten Jungfrauen und taucht ebenso bei den Barmherzigkeitsreliefs auf. Wie man sich die Tür zum Himmelreich offen hält, führen die Stifterin und der Stifter im Tympanon den mittelalterlichen Stadtbewohner:innen vor: Die sechs Werke der Barmherzigkeit bilden eine Basis für alle; mit der Finanzierung des Portals war dem unbekannten Paar die Fürsprache der Apostel sicher vor dem Jüngsten Gericht. Doch an diese mittelalterliche Heilslehre muss man heute nicht glauben. Man kann einfach die Schönheit dieses Portalensembles geniessen zwischen Skulptur und Architektur, zwischen himmlischem und irdischem Leben, zwischen innen und aussen – und damit dem Leben eine Zeit lang Sinn verleihen.

↘ Albrecht, Stephan / Breitling, Stefan / Drewello, Rainer (Hg.): Das Kirchenportal im Mittelalter, Petersberg 2019.
↘ Meier, Hans-Rudolf / Schwinn Schürmann, Dorothea (Hg.): Schwelle zum Paradies. Die Galluspforte des Basler Münsters, Basel 2002.
↘ Meier, Hans-Rudolf / Schwinn Schürmann, Dorothea / Bernasconi, Marco u.a.: Kunstdenkmäler der Schweiz, Kanton Basel-Stadt, Das Basler Münster, Bern 2019.

Vom Kaiser geschenkt, vom Kanton verkauft

Goldene Altartafel, Bamberg (?), vor 1019

Die Goldene Altartafel gilt als berühmtestes Stück des Basler Münsterschatzes. Obwohl sich das Antependium seit über 150 Jahren in Paris befindet, trägt es noch immer zur Identität der Stadt Basel bei.

Das aus getriebenem Goldblech und Edelsteinen gefertigte Antependium (lat. ‹ante› ‹vor› und ‹pendere› ‹hängen›) verkleidete ursprünglich die Stirnseite eines Altartisches. An sieben hohen Feiertagen schmückte das etwa 50 Kilogramm wiegende Prachtstück den Hauptaltar des Basler Münsters; möglicherweise wurde es auch als Bildtafel auf den Altar gestellt. Der römisch-deutsche Kaiser Heinrich II. (973–1024, reg. 1002–1024) und seine Frau Kunigunde von Luxemburg (um 980–1033) brachten die Goldene Altartafel mit weiteren kostbaren Gaben am 11. Oktober 1019 nach Basel. An diesem Tag weihte der Basler Bischof Adalbero II. (reg. 999–1025) zusammen mit Kaiser Heinrich II. und sechs weiteren Bischöfen die romanische Basilika, einen Vorgängerbau des heutigen Münsters. Zusätzlich zu diesem Geschenk erhielt der Basler Bischof zahlreiche Rechte und Güter, worauf Basel sich zu einer glanzvollen Stadt am Hochrhein entwickelte. Die Goldene Altartafel hat den reformatorischen Bildersturm genauso überstanden wie die bürgerkriegsartigen Unruhen der Kantonsteilung im Jahr 1833. Doch längst befindet sich das Herzstück des Basler Münsterschatzes nicht mehr am Rheinknie, sondern in Paris. Wie kam es dazu, und weshalb ist die Tafel aus heutiger Sicht so wertvoll?

Gruppenbild in Gold. Die Goldene Altartafel präsentiert aufgereiht unter fünf Arkaden die Reliefs von Christus, drei Erzengeln sowie dem heiligen Benedikt. Der Gottessohn steht unter dem grössten Arkadenbogen, von wo er als Einziger frontal aus dem Bild blickt. Seine rechte Hand hat er zum Segensgestus erhoben, in der linken hält er eine Kugel, geschmückt vom Alpha und Omega sowie vom Monogramm XP, den ersten beiden Buchstaben des griechischen Wortes Χριστός (‹Christós›), also Christus. Seinen Arkadenbogen ziert die Inschrift «Rex regum et dns dominativ» (‹König der Könige und Herr der Herren›). Zu seiner Rechten in zwei kleineren Arkaden stehen der ranghöchste Erzengel Michael mit einer Lanze und einem

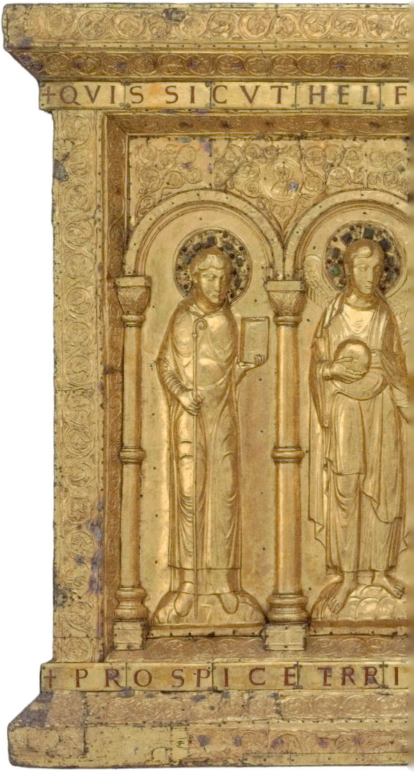

Goldene Altartafel,
Bamberg (?), vor 1019.
Gold, getrieben; Kupfer, vergoldet (Inschriftentäfelchen); Silber-Kupfer-Legierung, vergoldet (Kronen des Stifterpaars); Edel- und Halbedelsteine, darunter antike Gemmen; Glas, Perlen, Silberperlen, Emaille; Eichenholzkern, H 120 cm, B 177,5 cm, T 13 cm.
Musée de Cluny – Musée national du Moyen Âge, Paris (Kopie im Historischen Museum Basel)

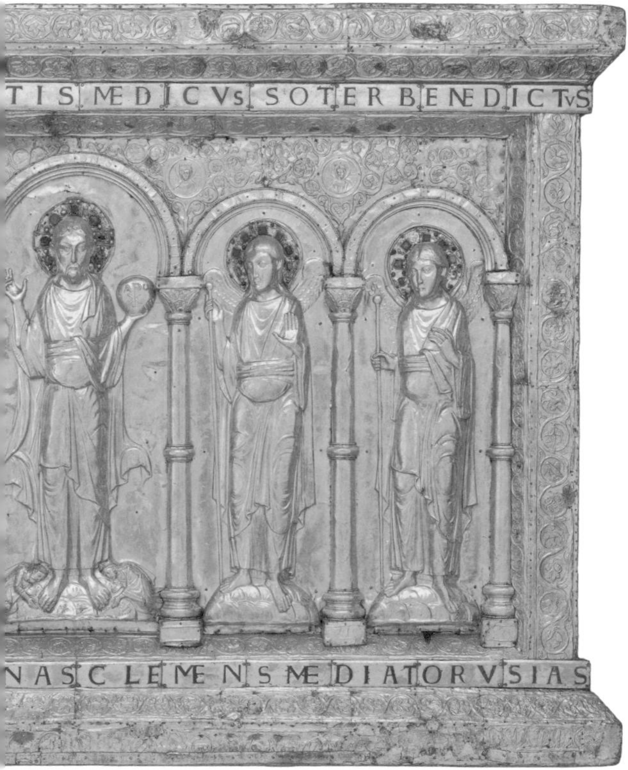
TIS MEDICVS SOTER BENEDICTVS
NAS CLEMENS MEDIATOR VSIAS

Globus mit Kreuz sowie der heilige Benedikt von Nursia, Gründer des Benediktinerordens, mit einem Abtstab und dem Regelbuch für seine Mönchsgemeinschaft. Zur Linken Christi tragen die Erzengel Gabriel und Raphael je einen kleinen Stabzepter in der Hand. Alle drei Erzengel sind an ihren Flügeln zu erkennen, zudem sind alle Dargestellten namentlich beschriftet. Ihre frontale, stilisierte Wiedergabe zeigt keine geistige, innere Bewegung, sondern trägt mit den Attributen und im Glanz des Goldes symbolisch Macht zur Schau. Dass die Anordnung der Figuren an antik-römische Sarkophagreliefs erinnert und auf eine byzantinische Arkadenwand anspielt, ist kein Zufall: Der Bezug der römisch-deutschen Kaiser zu Byzanz war eng, nicht zuletzt, weil Kunigundes Vorgängerin, Kaiserin Theophanu (um 960–991), die Frau Ottos II., aus Konstantinopel stammte.

Wenn sie auch nicht zum Hochaltar-Patrozinium des Münsters passen wollen – dieser war Maria geweiht –, lassen sich doch alle vier Heiligenfiguren mit Kaiser Heinrich II. in Verbindung bringen. Dieser verehrte besonders den heiligen Benedikt – es ist überliefert, dass er den Ordensgründer bei Krankheiten anrief. Der Erzengel Michael gilt als Schutzpatron des Ostfrankenreiches. Unter dem Reichsbanner, das ihn im Kampf gegen den Drachen zeigte, hatte Otto der Grosse in der Schlacht auf dem Lechfeld im Jahr 955 die Ungarn besiegt. Bei seinem dritten Italienzug 1022 pilgerte Heinrich II. zum Monte Gargano in Apulien, einem Michaelsheiligtum, wo der Erzengel der Legende nach im Jahr 492 Hirten erschienen ist.

Am Fusse der göttlichen Macht. Man muss genau hinsehen, um zu Füssen Christi die Stifterfiguren auszumachen. Sie liegen ihm wörtlich zu Füssen in der sogenannten Proskynese – einem Gestus, bei dem im byzantinischen Kaiserzeremoniell der Boden mit der Stirn berührt wird. Die Frau trägt Ohrringe und eine Scheibenfibel, eine Spange zum Zusammenhalten des Gewandes, der Mann das Herrschaftszeichen eines Barts. Die aufgesteckten Kronen sind aus anderem Material und könnten eine spätere Zugabe sein. Wer die Entwerfer, Goldschmiede und Auftraggeber:innen des Antependiums waren, sagt dieses Meisterwerk selbst nicht direkt, die kleinen Stifterfiguren und alle historischen Fakten weisen allerdings Kunigunde und Heinrich II. als Stifterpaar aus – Kaiserin und Kaiser, 1014 von Papst Benedikt VIII. gesalbt, amtend als Geweihte Gottes. In den Zwickeln der Arkaden und in Medaillons eingefasst sind Frauenköpfe erkennbar, Allegorien der Kardinal- und Herrschertugenden: Klugheit, Gerechtigkeit, Mässigung und Stärke. Rankenornamente verstärken die paradiesische Fülle, von denen die Tafel als Ganze Zeugnis gibt. Wobei zwischen Blüten, Granatäpfeln und Palmettenblättern mancher Vogel, Hund oder Löwe an einer Traube nascht – und damit anspielt auf die Eucharistie, das Abendmahl.

Griechisch, lateinisch, hebräisch: die Inschriften. Die rot emaillierten Grossbuchstaben auf der

Fries- und Sockelleiste der Tafel erhellen Heinrichs Herrschaftsverständnis. Die Inschrift ist in Reimform verfasst. Die obere Zeile lautet: «Quis sicut hel fortis medicus soter benedictus» (‹Wer ist wie Gott der Starke, der Arzt, der Retter, der Gesegnete?›), die untere: «Prospice terrigenas clemens mediator usias» (‹Sorge für die Erdgeborenen, barmherziger Mittler des Seins!›). Die Inschrift ist überlegt gewählt, bezieht sie sich doch auf Christus, den Heilenden, und weist den vier Protagonisten neben ihm die Rolle göttlicher Vermittler zu. Auch belegt sie die Mehrsprachigkeit der Auftraggeber und damit den Anspruch, sich im ganzen Christentum zu verorten. Aus dem Hebräischen übersetzt bedeutet Michael ‹Wer ist wie Gott› («Quis sicut hel»). «Fortis» nimmt Bezug auf Gabriel als ‹Kraft Gottes› und «medicus» auf Raphael als ‹Arzt Gottes›. Das aus dem Griechischen stammende Wort «soter» bezieht sich auf Christus als ‹Retter›, während «benedictus» in der oberen Zeile deutlich den Gründer des Benediktinerordens nennt.

Basel zur Zeit der Münsterweihe. Der Historiker Claudius Sieber-Lehmann schätzt, dass Basel zur Zeit der Münsterweihe etwa 1000 Einwohnerinnen und Einwohner zählte. Exakter überliefert als diese Zahl ist die räumliche Ausdehnung der Stadt. Das Zentrum bildete der Münsterhügel, wo der Bischof als Stadtherr residierte. Die Stadt war einerseits vom Rhein begrenzt, an den anderen Seiten verlief die Stadtgrenze etwa halbkreisförmig entlang des heutigen Peters- und Leonhards- bis zum St. Alban-

Graben. Neben dem Münster existierten bereits vor dem Jahr 1000 die Sakralbauten St. Peter, St. Alban und St. Martin. Bischof Adalbero II. von Basel regierte die Stadt, die Heinrich II. im Jahr 1006 vom Burgunderkönig Rudolf III. (reg. 993–1032) erworben und in sein Reich eingegliedert hatte. Mit der Anwesenheit bei der Münsterweihe und den wirkmächtigen Geschenken unterstrich der Kaiser seine Präsenz an einem Kreuzungspunkt zwischen Burgund und dem ostfränkischen Reich. Allerdings beleuchtet die Tafel nur einen Aspekt des damaligen Lebens, nämlich jenen des Hochadels und des hohen Klerus. Die Stadt- und Landbevölkerung, die zu einem Grossteil als Leibeigene für den Wohlstand ihrer Herren arbeitete, lebte fernab von aller prunkvollen Sphäre und bekam das Stück nie zu Gesicht: Laien war der Zugang zum Bereich des Hochaltars verwehrt.

Kaiser und Bischöfe. Um die Jahrtausendwende agierten Bischöfe als regionale Herren im kaiserlichen Machtgefüge. Sie setzten auf regionaler Ebene die Machtansprüche des Kaisers um. Das Kaiserreich darf man sich nicht mit festen Grenzen vorstellen, sondern als ein lockeres Konstrukt, geprägt durch ein Reisekönigtum, bei dem der Herrscher mit seinem Gefolge durchs Reich reiste, ohne in einer Hauptstadt zu residieren. Ein Reich nach dem Verständnis der heutigen Nationalstaaten mit entsprechenden Regierungs- und Verwaltungsstrukturen existierte nicht. Die Idee für eine übergreifende Gemeinschaft setzte vielmehr die Kirche um, ohne welche die weltliche Herrschaft nicht denkbar gewesen wäre. Der römische Kaiser und deutsche König gilt als Vermittler zwischen Kirche und Welt – eine Einheit, die hier in der symbiotischen Darstellung von Kaiserpaar und Christus zu erkennen ist.

Historische Quellen. Die älteste erhaltene, schriftliche Quelle, welche die Tafel in Zusammenhang mit Heinrich II. bringt, stammt aus den Grossen Basler Annalen (1416). Etwas später verzeichnet das sogenannte Basler Brevier (zw. 1451 und 1458) als Schenkung Heinrichs «einen goldenen Altar schwer an Gewicht und ausgezeichnet durch die Mischung der Metalle und Reliefdarstellungen» (Fehlmann u.a. 2019, S. 236). Der Kaiser habe anlässlich der Weihe zudem ein goldenes Kreuz, Leuchter, ein Weihrauchfass, einen Messbucheinband, ein Messgewand und weitere Gaben geschenkt.

Opfer der Kantonstrennung. Wie aber gelangte die Goldene Tafel nach Paris? Von 1529 bis 1827 wurde das Antependium in der Sakristei des Basler Münsters aufbewahrt und danach ins Rathaus überführt. Nachdem der bürgerkriegsartige Konflikt zwischen der Stadt und dem ländlichen Untertanengebiet Anfang der 1830er-Jahre eskalierte und die Stadt bei der sogenannten Schlacht an der Hülftenschanze bei Frenkendorf am 3. August 1833 unterlag, kam es zur Teilung Basels in zwei Kantone. In der Folge trennte man auch die kantonalen Vermögenswerte, zu denen der Münsterschatz gehörte, entsprechend den Bevölkerungszahlen etwa im Verhältnis ein Drittel (Basel-Stadt) zu zwei Dritteln (Basel-Landschaft). Das Antependium war darin explizit nicht eingeschlossen, vielmehr sollten die beiden neuen Kantone die mit 7800 Franken veranschlagte Tafel unter sich versteigern. Da Basel-Stadt nicht für etwas bezahlen wollte, was es längst und ohnehin als Eigentum verstand, verzichtete man darauf, das Antependium vorab zurückzuerwerben, worauf es für 8875 Franken an den Landkanton ging. So gelangte es in die öffentliche Versteigerung, die am 23. Mai 1836 in Liestal stattfand, und anschliessend (für 9050 Franken) in private Hände. 1854 erwarb der französische Staat die Tafel und überliess sie dem Musée de Cluny in Paris als Dauerleihgabe.

Gold als Material: die Gegenwärtigkeit der Macht. Das Antependium besteht aus drei Eichenholzplatten und einer Einfassung aus Holz: Die gesamte Vorderseite ist mit getriebenen, mit Nägeln befestigten Goldblechen bedeckt. Der filigran ausgearbeitete Kapitellschmuck der Säulen, der reichhaltige Faltenwurf, unter dem sich die Körper der Figuren abzeichnen, die feine Rankenornamentik sowie die sorgsam eingearbeiteten Edelsteine und Perlen könnten die Qualität dieser Goldschmiedearbeit nicht intensiver demonstrieren. Neben Sakralarchitektur, Buchmalerei, Textilien und tonnenschweren Bronzetüren sind es vor allem Goldschmiedearbeiten, die aus der Zeit des Übergangs vom Früh- zum Hochmittelalter überliefert sind. Das moderne Verständnis eines Kunstwerks greift hier nicht,

Künstler:innen waren anonym. Ihre exquisite Arbeit diente bei der Goldenen Altartafel der Legitimation von politischer Macht, die im Glauben und in der Kirche verankert war. Zudem nutzte das kinderlose Herrscherpaar das Antependium für die persönliche Memoria, ihr langfristiges Gedenken. Mindestens fünf weitere goldene Tafeln für andere Sakralbauten gehen auf Heinrich und Kunigunde zurück, so für den Bamberger und den Merseburger Dom, für Trier, Mouzon sowie St. Vanne in Verdun. Kaiserin Kunigunde stiftete zudem eine Tafel für ihre Witwenresidenz Kaufungen bei Kassel. Heinrich II. hatte Regensburg zu seinem Herrschaftszentrum ausgebaut und installierte Bamberg als religiöses und kulturelles Zentrum.

Basels Identität als Kaiserstadt. Mit der Goldenen Altartafel setzt eine neue und wirkmächtige Erzählung ein: Basel ist Kaiserstadt. Heinrich II. und Kunigunde legitimierten und sicherten mit der wertvollen Schenkung ihre Herrschaft. «Herrschen mit den Heiligen», formulierte Stefan Weinfurter in Rückgriff auf Ursula Swinarski dieses politische Instrument (Weinfurter 2004, S. 19). Zahlreiche Darstellungen des Kaiserpaares im Stadtraum, etwa an der Westfassade des Münsters oder am Rathaus, sind Zeugnisse des Erfolgs. Dabei überdauert das Antependium als ein Prachtstück mittelalterlicher Goldschmiedekunst die Zeit und verschmilzt in seiner exquisiten Ausführung das Weltliche mit dem Ewigen.

↘ Die Goldene Altartafel online zum Heranzoomen: https://www.muensterschatz.ch/de/Antependium-1019.html
↘ Fehlmann, Marc / Matzke, Michael / Söll-Tauchert, Sabine (Hg.): Gold & Ruhm: Kunst und Macht unter Kaiser Heinrich II., Ausst.-Kat. Historisches Museum Basel 2019, München 2019.
↘ Inglin, Oswald: Das Basler Münster und seine Geschichten. Ein Rundgang, Basel 2023.
↘ Meier, Hans-Rudolf / Schwinn Schürmann, Dorothea / Bernasconi, Marco u.a.: Kunstdenkmäler der Schweiz, Kanton Basel-Stadt, Das Basler Münster, Bern 2019.
↘ Salvisberg, André: Stadt.Geschichte.Basel, Band 5: 1760 bis 1860 – eine ungewohnte Periodisierung, in: Basler Zeitschrift für Geschichte und Altertumskunde, Bd. 122, 2022, S. 53–66.
↘ Schneider-Ferber, Karin: Kaiser Heinrich II. und Kunigunde. Das heilige Paar, Regensburg 2022.
↘ Söll-Tauchert, Sabine: Die Goldene Altartafel, in: Schwarz, Peter-Andrew / Sieber-Lehmann, Claudius (Hg.): Eine Bischofsstadt zwischen Oberrhein und Jura. 800–1273 (Stadt.Geschichte.Basel, Bd. 2), Basel 2024.
↘ Swinarski, Ursula: Herrschen mit den Heiligen. Kirchenbesuche, Pilgerfahrten und Heiligenverehrung früh- und hochmittelalterlicher Herrscher (ca. 500–1200) (Geist und Werk der Zeiten 78), Frankfurt am Main u.a. 1991.
↘ Weinfurter, Stefan: Kunigunde, das Reich und Europa, in: Dick, Stefanie (Hg.): Kunigunde – consors regni: Vortragsreihe zum tausendjährigen Jubiläum der Krönung Kunigundes in Paderborn (1002–2002), Paderborn 2004, S. 9–28.

Vom Brunnen zum Mahnmal

Bettina Eichin, ‹Marktplatzbrunnen Basel, z.B., 1. Nov. 1986, 00.19 h›, 1986–1991

Beinahe versteckt im Kreuzgang des Münsters stehen zwei Markttische aus Bronze. Ursprünglich für Basels Zentrum entstanden, ist Bettina Eichins Werk Zeuge einer dunklen Stunde: der Umweltkatastrophe von Schweizerhalle.

Wie politisch ist Kunst? Wer finanziert sie? Wofür finden Künstlerinnen und Künstler eine spezielle Sprache? Bettina Eichins Bronzeskulptur ‹Marktplatzbrunnen Basel, z.B., 1. Nov. 1986, 00.19 h› im Kreuzgang des Basler Münsters wirft auch solche Fragen auf.

Ein Brunnen von Sandoz AG für Basel-Stadt. Aus Anlass ihres 100-jährigen Bestehens schenkte die Pharmafirma Sandoz AG (heute ein Teil von Novartis), der Stadt Basel einen Brunnen für den Marktplatz, der seit dem Beginn des 20. Jahrhunderts keinen repräsentativen Brunnen mehr besass. Die beauftragte Bildhauerin Bettina Eichin entwarf einen Trinkwasserbrunnen aus Jurakalk, flankiert von zwei bronzenen Markttischen. Als Marktstand trug der eine Lauch, Kohl, Kürbisse, Kartoffeln, Zwiebeln, Tomaten, Birnen, Bohnen sowie Sonnenblumen. Der andere Tisch war dazu bestimmt, auf den demokratischen Meinungsbildungsprozess im Rathaus hinzuweisen: Ausgewählte politische Schriften, als Reliefs ausgeführt, wollten Denkanstösse vermitteln. Eichin projektierte Trog und Bronzetische über die gesamte nördliche Schmalseite des Marktplatzes. Von Beginn an verzichtete die Bildhauerin darauf, die Sandoz AG sichtbar zu machen (auch Jean Tinguelys ‹Fasnachtsbrunnen› am Theaterplatz gibt nicht zu erkennen, dass es sich um ein Geschenk der Migros AG an die Stadt handelt).

Der Rhein färbt sich rot. Die Umweltkatastrophe am 1. November 1986 bildete für Bettina Eichins Arbeit eine Zäsur. In Schweizerhalle, einem Industrievorort von Basel, geriet eine Lagerhalle mit über 1000 Tonnen Chemikalien in Brand. Das giftige Löschwasser färbte den Rhein rot. Etwa 30 Tonnen Pflanzenschutzmittel liessen flussabwärts bis nach Mannheim die Fische sterben, gravierende Folgen für Gewässer und Fauna von Basel bis nach Rotterdam versetzten die Öffentlichkeit in Schrecken. Ein Trinkwasserbrunnen, gesponsert vom Verursacher der grössten Chemiekatastrophe, die Basel je gese-

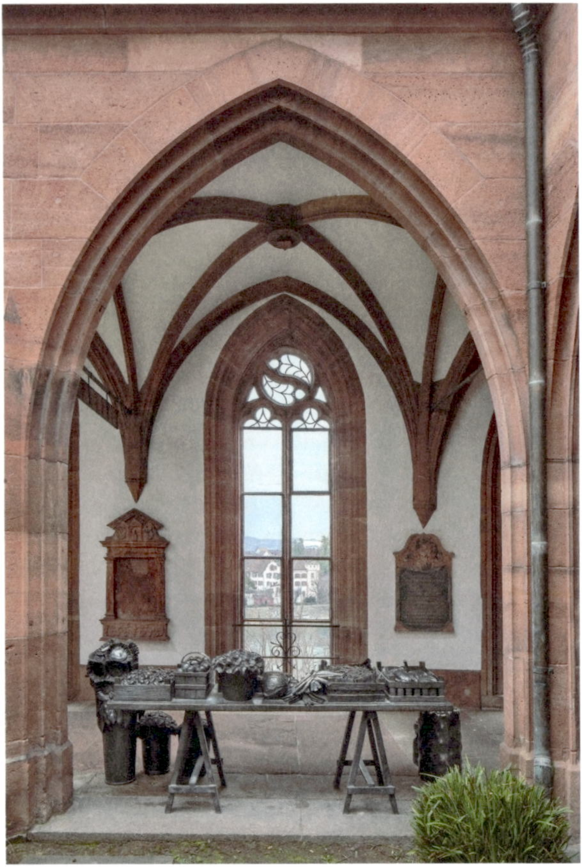

Bettina Eichin,
‹Marktplatzbrunnen Basel, z.B.,
1. Nov. 1986, 00.19 h›, 1986–1991.
Bronze-Unikat, vier Teile.
Basler Münster, Kleiner Kreuzgang,
Eigentum: Evangelisch-reformierte
Kirche Basel-Stadt

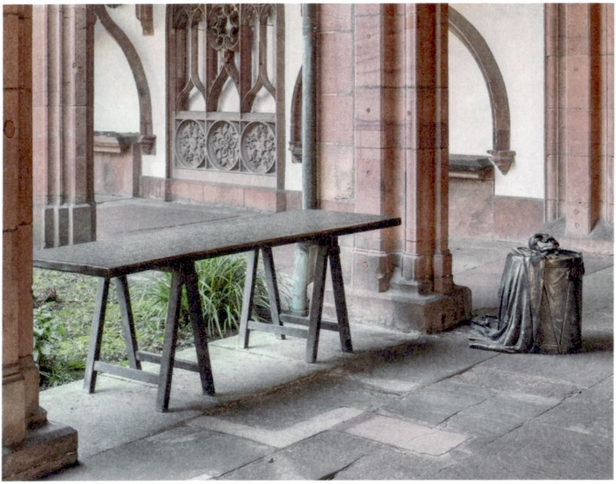

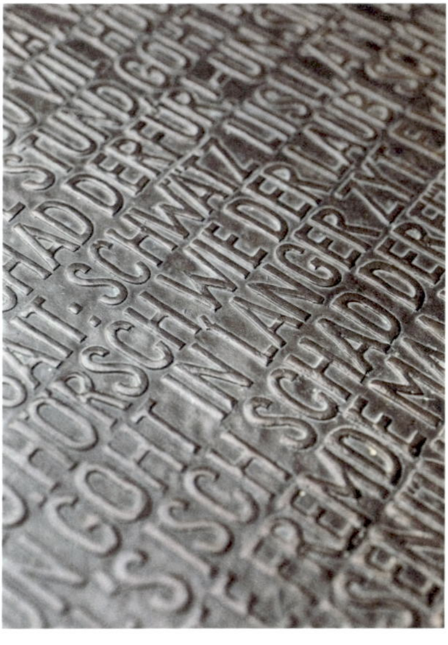

hen hat, kam für Bettina Eichin nicht mehr infrage. Zunächst gestand ihr das Unternehmen zu, das Projekt zu ändern, doch als Eichin im Neuentwurf den 1. November 1986 thematisierte, entzog ihr der Konzern 1988 den Auftrag. Sandoz-Sprecher Edgar Fasel äusserte sich deutlich: «Wir wollen den 1. November nicht drin haben ... wir, die Sandoz, haben die Aufgabe, Reichtum zu schaffen und gute Produkte, aber nicht zu politisieren.» (Gamboni/Laubscher 1989, S. 308) Stattdessen schenkte das Unternehmen dem Kanton Basel-Stadt das Gemälde ‹Nu à l'écharpe bleue› von Félix Vallotton, das Dreiviertelporträt einer barbusigen Frau mit blauer Schärpe, das heute im Kunstmuseum aufbewahrt wird.

«öd und schwarz und totenstill» Ihr Auftrag war entzogen, doch arbeitete die Bildhauerin weiter. Der Marktplatz erübrigte sich als Standort, es entfiel der Brunnentrog, es blieben die Markttische. Neu bestimmte Eichin den zweiten Tisch zur ‹Tabula rasa›: Auf seine Platte prägte sie das Gedicht ‹Die Vergänglichkeit› (1803) des in Basel geborenen Schriftstellers Johann Peter Hebel und das Unglücksdatum des 1. November 1986.

Es bereitet Mühe, das Gedicht zu entziffern, nicht nur, weil Bettina Eichin den alemannischen Text als Relief in durchgehenden, langen Zeilen auf die Tischplatte geschrieben hat. Auch der Inhalt liest sich sperrig wie die Katastrophe von Schweizerhalle. Hebel lässt einen Vater und einen Sohn, Ätti und Bub, «auf der Strasse nach Basel, zwischen Steinen und Brombach, in der Nacht», über die

Vergänglichkeit diskutieren. Den Dichter verbindet mit diesem Wegstück ein persönlicher Schicksalsschlag. Zwischen Brombach und Steinen starb seine Mutter, als er dreizehn Jahre alt war. «Was ist, wenn nichts mehr ist?», möchte der Knabe wissen im Text, worauf der Vater unter Bezugnahme auf zwei Schwarzwaldgipfel und einen nahen Fluss zur Antwort gibt: «Der Belchen steht verkohlt, der Blauen auch, grad wie zwei alte Türm'. Dazwischen ist denn alles ausgebrannt bis in den Boden tief. Die Wiese führt kein Wasser mehr. S'ist alles öd und schwarz und totenstill, so weit man schaut.» Hebels hoffnungsloses Endzeitszenario – auch Basel werde irgendwann zerfallen, «und mit der Zeit verbrennt die ganze Welt» – verknüpft die Bildhauerin mit der Brandkatastrophe. Als hätte diese auch die Musik zum Schweigen gebracht, positionierte die Künstlerin eine Totenkopfmaske auf einer verhüllten Fasnachtstrommel. Seit 1991 stehen die ‹Markttische› im Kleinen Kreuzgang des Basler Münsters, zunächst als Leihgabe der Künstlerin, seit 2017 gehören sie der Evangelisch-reformierten Kirche Basel-Stadt.

Eine feministische Künstlerin. Bettina Eichin, 1942 in Bern geboren, unterhielt ihr Atelier lange in Basel, während sie mit ihrer Familie bei Freiburg i. Br. lebte. Eichins ‹Marktplatzbrunnen› ist nicht ihr einziges politisch motiviertes Werk. Nachdem sie 1979 mit ‹Helvetia auf Reisen› einen Wettbewerb des Basler Kunstkredits gewonnen hatte, brachte sie ein feministisches Anliegen in Basels öffentlichen Raum: Selbstbestimmt hat die Repräsentationsfigur der Schweiz ihr Zweifrankenstück verlassen, um einem ungewissen, eigenen Weg entgegenzusehen. Die beliebte Bronzeplastik sitzt am Kleinbasler Brückenkopf der Mittleren Rheinbrücke, während der ‹Marktplatzbrunnen› im Schatten des Kreuzgangs nach wie vor pochende Fragen stellt. Diese hätten noch immer Anspruch auf einen Platz ganz in der Mitte der Stadt.

↘ Breitenstein, Urs (Hg.): Bettina Eichin, Basel 2007.

↘ Gamboni, Dario / Laubscher, Sebastian: Das Marktplatzbrunnenprojekt zu Basel 1986–1989. Sponsoring, Kunst im öffentlichen Raum und Kunstfreiheit, in: Unsere Kunstdenkmäler, 40 (1989), S. 306–318.

↘ Hebel, Johann Peter: Alemannische Gedichte. Mit hochdeutscher Übertragung, hg. von Wilhelm Zentner, Stuttgart 2001.

Signatur und Selbstporträt: Die ‹Basel Line›

Dare, Toast und Smash137, Graffiti, 2007, 2018, 2022

Die sogenannte Basel Line zählt zu den berühmtesten Graffiti-Locations der Welt. Hier sprühten und sprühen mit Dare, Toast und Smash137 drei international angesehene Sprayer.

«Basel war mit der ‹Basel Line› weltweit extrem wichtig. Eine so lange Betonwand findet man sonst nirgendwo mitten im Stadtzentrum», erklärt der Basler Sprayer Smash137 alias Adrian Falkner (geb. 1979), während wir gemeinsam die ‹Basel Line› erkunden. Sein akkurater Auftritt lässt eher vermuten, dass Falkner Anlageprodukte in einer Bank verkauft, als dass er im Dunkeln der Nacht mit einer Sporttasche voller Spraydosen über Gleise klettert oder in seinem Atelier meterhohe Leinwände

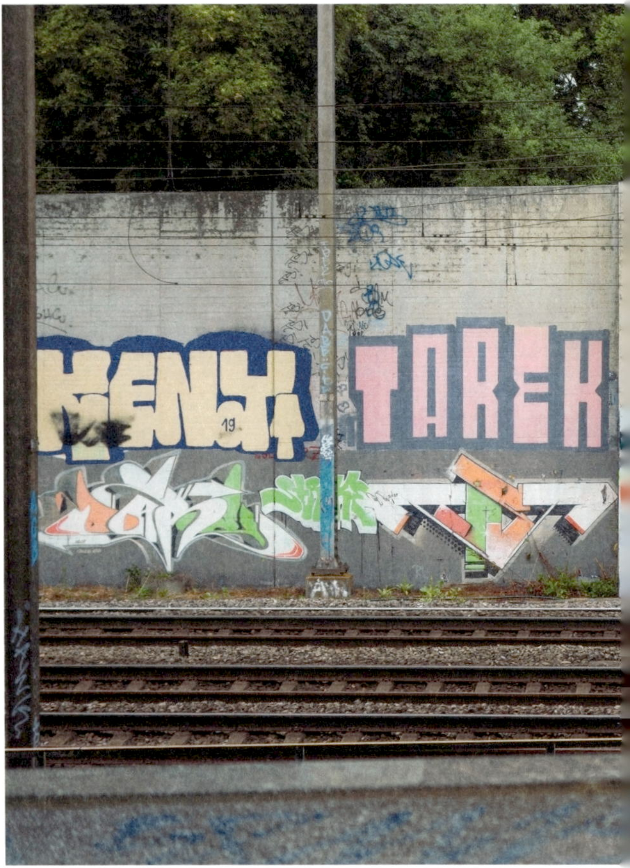

Dare, Toast und Smash137,
Graffiti, vier Pieces (untere Zeile),
2007, 2018, 2022.
‹Basel Line›, Basel

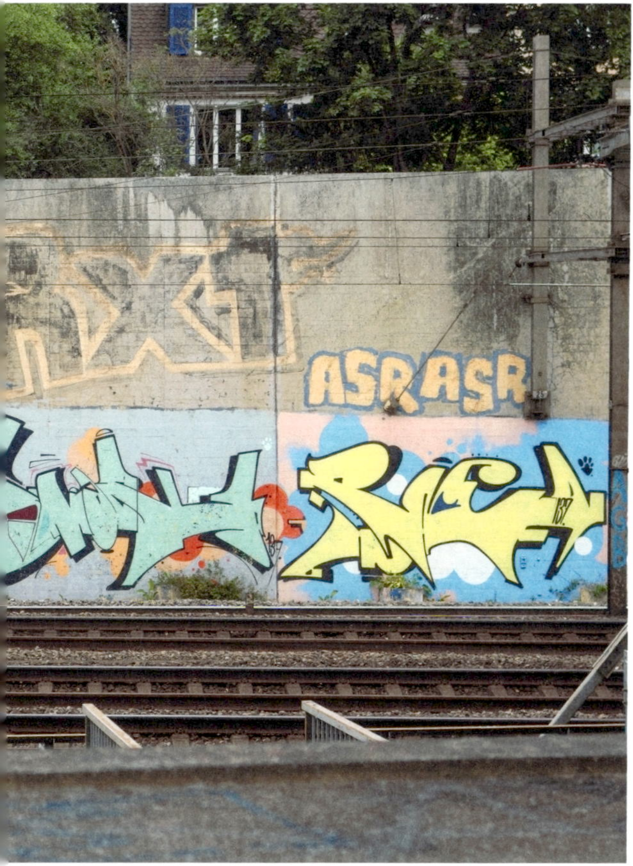
ASR ASR

besprüht. Doch der Eindruck trügt: Entlang der Bahntrasse zwischen Bahnhof SBB und Schwarzwaldbrücke, welche die Graffiti-Szene als ‹Basel Line› bezeichnet, kennt Falkner jedes ‹Piece›. Es ist ein Panorama an Graffiti-Bildern, das sich täglich vor Zehntausenden entrollt – und gleichzeitig ein Ort, den niemand betritt. Ausser die ‹Writer›, wie sich Graffiti-Künstler:innen nennen. Hier dürfe nur ein ‹Piece› sprayen, wer Qualität nachweisen könne und von der in ‹Crews› organisierten Szene anerkannt werde.

Von der Höhlenmalerei zur ‹Basel Line›. Wandzeichnungen existieren seit der Höhlenmalerei vor mehr als 20 000 Jahren v. Chr. In der griechischen und römischen Antike waren öffentlich sichtbare Wände der Platz für Protestgedichte. Die osmanischen Sultane versahen Bauten und Urkunden mit der Tughra, einer Art kalligrafischem Namenssiegel. Die moderne Graffiti-Kultur entwickelte sich in den 1960er-Jahren in Philadelphia als Jugendbewegung, bevor sie New York erreichte. Junge Sprayer:innen aus der Hip-Hop-Szene wie Lee oder Blade besprühten ganze U-Bahn-Züge und deklarierten Wände und Dächer zur Leinwand. In Europa galt Graffiti lange als eine Jugendkultur der Secondos. 1985 tauchte an der ‹Basel Line› das erste Graffito auf, gesprayt von den Zürchern Gen und Bost. Daraufhin machten sich Basler Sprayer wie Steve, Mark und Mr. Met ans Werk. Zu den ersten Sprüher:innen zählte auch eine Frau, die unter dem Pseudonym Jil arbeitete.

Graffiti ist Schrift. Wie sind Graffitis zu lesen? «Jedes Piece ist ein Selbstporträt. Man sprüht den Namen, den man sich selbst gegeben hat», erklärt Smash137 die Farbexplosionen an der Wand. Seinen eigenen Schriftzug oder ‹Style› zu entwickeln und zu verbessern, darum gehe es. Nicht die Lesbarkeit stehe im Vordergrund, sondern die Formqualitäten der Buchstaben, die Schwünge, Übergänge und ‹Outlines›. Figürliche Darstellungen hingegen bleiben Dekoration, und Graffitis sind von den meterhohen ‹Murals› (Wandgemälden) zu unterscheiden. Allerdings ist das Graffiti laut Falkner eine Kommunikation unter Sprayer:innen geblieben, die wie eine Fremdsprache nur von Angehörigen der Community verstanden wird.

Signatur und Selbstporträt. Einen ‹Writer›-Namen geben sich die Sprayer:innen selbst, wobei oft die Buchstabenabfolge ausschlaggebend ist. Bis Name und Stil zueinander gefunden haben, kann der Name häufig wechseln. Adrian Falkner arbeitet seit 1996 mit dem Pseudonym Smash137. Die Ziffern kamen hinzu, um sich von anderen ‹Smashes› zu unterscheiden. Der Sprayer-Name lässt sich mit einem Manifest vergleichen, das alle Qualitäten und das ganze Temperament vereint, mit denen man sich identifiziert. Mit welchem Wort würden Sie sich offenbaren, wenn Sie lediglich eines zur Verfügung hätten? Mit welcher Tonalität, Lautstärke und welchem Rhythmus würden Sie sich zu erkennen geben? «Diese gemalte Tonalität verbindet die Innen- mit der Aussenwelt», sagt Adrian Falkner. Er spricht im Zusammenhang mit Style über Innerlichkeit und vergleicht diese mit der Empfindung eines handgeschriebenen Briefs.

Drei Namen, drei Styles. Läuft man die Singerstrasse entlang (in die Sackgasse unterhalb der Autobahn), finden sich auf Höhe des B&B Hotels an der gegenüberliegenden Wand aneinandergereiht Pieces von Dare, Toast und Smash137, prominente Stimmen der Graffiti-Welt. Auch von der Brücke zwischen Adler- und Zeughausstrasse sind die Graffitis gut zu erkennen. Links ziert das ‹Style› von Dare alias Sigi von Koeding (1968–2010) die Wand, welches er am 4. August 2007 sprayte, wie sich im kleinen ‹4807› unter dem D im nach links weisenden Pfeil entschlüsseln lässt. Dares Buchstaben greifen ineinander, das R ist mit dem A und dem E verschlungen, der Pfeil erwächst aus dem R. Damals galt solcher ‹Swing› als aktuell. Alle vier Buchstaben führte der Sprayer unten in einer Spitze wie das Stabwerk eines gotischen Fensters zusammen. Dem erfolgreichen Basler Sprayer und Netzwerker ging es um Balance und Dreidimensionalität. Er war ab 1988 an der ‹Line› aktiv. Als erster Graffiti-Writer in der Schweiz, der seine Arbeit kommerzialisierte, gilt er als Vorreiter für Auftragsarbeiten. Im Jahr 2008 gestaltete er mit Toast die Wohnung des Fotografen und Kunstsammlers Gunter Sachs im Schlosshotel Velden am Wörthersee mit Graffitis aus.

Der Berner Writer Toast alias Ata Bozacı (geb. 1974) hingegen setzte seine Buchstaben, insbesondere das ausladende T, in tektonischer Strenge auf die Wand. Der Sprayer und Künstler hatte früher als Grafiker gearbeitet, sein Style stammt wie jenes von Dare aus dem Jahr 2007. Smash137, dessen zwei Styles rechts aussen zu sehen sind, gilt als einer der am längsten aktiven Sprayer in der Schweiz. Wie Dare und Toast hat er sein Wandstück mit Dispersionsfarbe grundiert. «Mein Style braucht nicht mehr so viel Razzle-Dazzle», erläutert Smash137 seinen gediegenen Stil, der unter Verzicht auf Effekthascherei mehr Wert auf die Grundform legt. Seine grossflächigen, gewichtig-starken Buchstaben teilen sich Elemente, wirken jedoch klar und weniger ausgreifend als jene von Dare. Den türkisen Schriftzug unterlegte er mit leuchtend orangenen Ovalen oder Kreisformen. Relevanz verleiht Smash137 den Buchstaben mit den schwarzen ‹Outlines›. Die beiden Wandstücke stammen aus den Jahren 2018 und 2022. Heute arbeitet der Mittvierziger mit einem Master in bildender Kunst verstärkt auf Leinwand, sprüht Auftragsarbeiten, etwa Innenräume von Hotels, und gestaltet grossflächige Hauswände.

Ungeschriebene Gesetze. Nachts zieht es den Sprayer immer wieder zur ‹Basel Line›, denn die Wandabschnitte wollen bewirtschaftet werden: Häufig werden Pieces von anderen Writern überschrieben. Das darf nur, wer sich einen Namen in der Szene, in der man sich kennt, verschafft hat und das bestehende Piece zu übertreffen verspricht. Wurde das eigene Stück übersprüht, heisst es, sein Wandstück zurückzuerobern. Neben dem türkisen Smash137-Schriftzug prangt noch ein gelber mit seinem Namen. Dieses neuere Piece wirkt vergleichsweise roh, was damit zusammenhänge, dass ein anderer Sprayer die darunter liegende Arbeit übermalt hatte. Smash137 holte sich sein Wandstück zurück, indem er das fremde Piece erneut übersprühte – im Vordergrund stand hier der Akt der Verteidigung und nicht künstlerische Vollkommenheit. Die Pieces von Dare, der vor allem an der ‹Gellert Line› gesprüht hatte, werden aus Respekt vor dem verstorbenen Künstler nicht angetastet.

Illegal und gefährlich bleibt das Sprayen auf dem Bahngelände. Naht eine Polizeipatrouille, heisst es wegsprinten. Donnert nachts ein Zug heran, heisst es, sich blitzschnell in den Schotter neben das Gleisbett werfen. Dabei hat sich die Sicht auf Graffiti und ‹Urban Art› in den vergangenen zehn Jahren deutlich gewandelt. Was früher in der öffentlichen Wahrnehmung als kriminell galt, nutzt heute der Tourismusverband, um Basel zu bewerben.

↘ Gespräch der Autorin mit Adrian Falkner, 29.04. und 02.05.2023.
↘ Amann, Yvette / Buchhart, Dieter: Dare to be different. Sigi von Koeding 1968–2010, Mainaschaff 2016.
↘ Cooper, Martha / Chalfant, Henry: Subway Art, London 1984.
↘ Furger, Thierry: Graffiti an der Line in Basel 1985–1990. Aufstand der Zeichen in der Betonwüste des Gellert-Dreiecks, o. O. 2021.

Gegenwart, die in den Augen brennt

Miriam Cahn, ‹L.I.S./M.G.A. – Kastanien und andere Bäume vor meinem Haus, die ich nicht verstehe›, 1989

Zeichnend erprobt Miriam Cahn den Kontrollverlust. Wenn sie sich mit ihrer unmittelbaren Umwelt auseinandersetzt, hält sie die Augen geschlossen. So zeugen fünf Blätter von Energie und Empfindung und stehen exemplarisch für das konzeptionelle Arbeiten der Künstlerin.

Die 30-jährige Miriam Cahn zeichnet ab Heiligabend 1979 mit Kohle auf die Betonpfeiler der Basler Nordtangente, einer Autobahnanbindung am Kleinbasler Stadtrand: Kanonenrohre, Flugzeuge, mit Kreuzen beladene Schiffe, Antennen, Gitter und Fernsehapparate. «mein frausein ist mein öf-

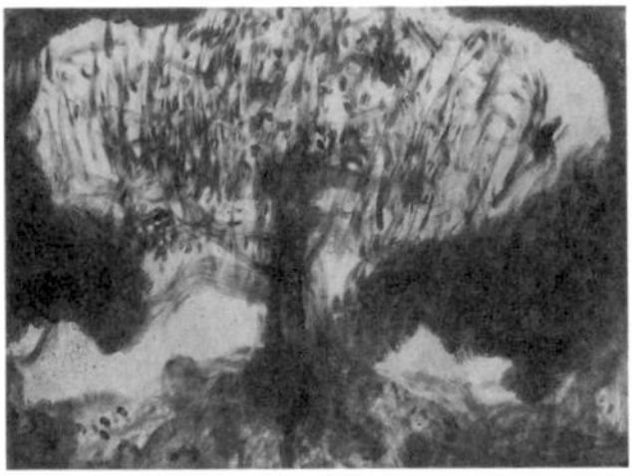

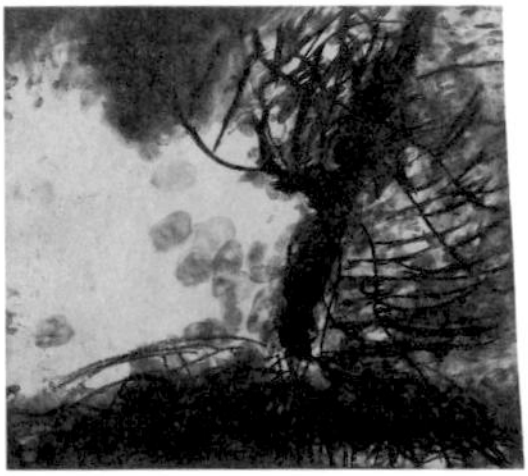

Miriam Cahn, ‹L.I.S./M.G.A. – Kastanien und andere Bäume vor meinem Haus, die ich nicht verstehe› (Serie mit 5 Blatt), 1989. Kohle auf Papier, Blatt 1: 78,8 × 109,3 cm, Blatt 2: 78,8 × 91,4 cm, Blatt 3: 79,0 × 50,5 cm, Blatt 4: 78,8 × 109,4 cm, Blatt 5: 78,8 × 59,1 cm. Baloise Kunstsammlung, Basel

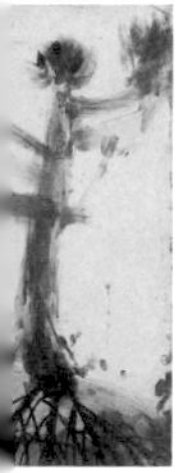
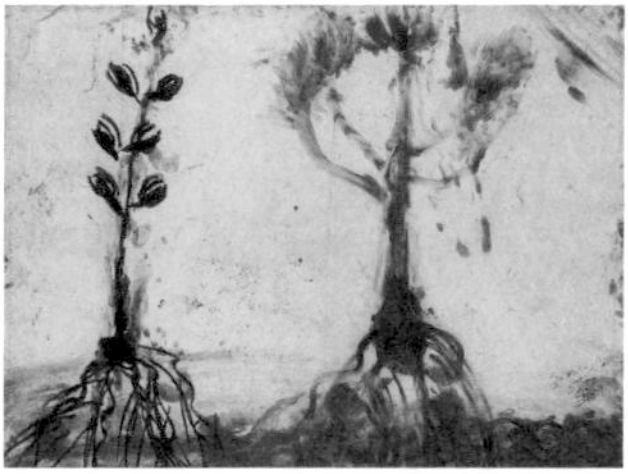
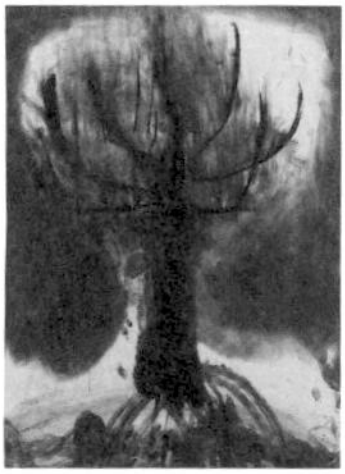

fentlicher teil», notiert sie an einer Stelle – die titelgebende Aussage zeigt an, dass die Künstlerin die nach männlichen Prinzipien entwickelte Infrastruktur zu einem weiblichen Raum umwidmen will. Denn im Öffentlichen erkennt sie Gesetze fürs Private und im Privaten einen öffentlich anerkannten Konsens, der auch ihr Selbstverständnis als Künstlerin betrifft. Als Frau Kunst zu machen, gilt Miriam Cahn als politischer Akt. Zuvor hat Cahn das Arbeiten im öffentlichen Raum unter dem Titel ‹eingeschlossen in mich selbst› (1979) zeichnerisch in Paris erprobt. Auch weil das Basler Baudepartement die Künstlerin wegen Sachbeschädigung verklagt und sie zu einer Geldstrafe verurteilt, werden die Wandzeichnungen diskutiert. Ein Jahr später nimmt Cahn an der Ausstellung ‹6 Künstler aus Basel› in der Kunsthalle Basel teil, wo sie wandfüllende Zeichnungen präsentiert. Bis Ende der 1980er-Jahre zeichnete sie vor allem mit Kohle, Kreide und Bleistift auf Papier. Häufig gestaltete die Künstlerin zusammenhängende Bildfolgen. So umfassen auch die Kohlezeichnungen ‹Kastanien und andere Bäume vor meinem Haus, die ich nicht verstehe› fünf Blätter. Miriam Cahn, die sich von 1968 bis 1973 in der Grafikfachklasse an der Kunstgewerbeschule Basel ausbilden liess, entwickelte früh eine unangepasste Handschrift, mit der sie schliesslich auf der Biennale di Venezia (1984 und 2022), der documenta 14 in Kassel (2017) sowie in zahlreichen internationalen Einzelausstellungen auftrat. Heute lebt die in Basel geborene Künstlerin in Stampa im Bergell, wo sie sich 2017 ein Atelierhaus errichten liess.

Die Direktheit von Natur. Die fünf Kohledarstellungen besitzen eine spielerisch empfundene Unheimlichkeit; die vereinfachten, zeichenhaften Bäume und Pflanzen demonstrieren einen kraftvollen Gestus. In der Blattfolge wechselt Cahn sowohl zwischen dem Papierformat als auch zwischen kohlegeschwärzten Flächen und hellem Grund. Auf diese Weise dramatisiert sie die Abfolge und macht die Pflanzen zu geisterhaften Gestalten, die mal mit dichter Krone, mal wie vom Wind gebogen und mal mit wenigen Ästen erscheinen. Auf dem vierten Blatt etwa wachsen zwei zarte Gewächse; sie wirken, als könnte ein Windstoss sie brechen. Cahn hat die Baumkrone licht ausgeführt, figurierte die zweite Pflanze wie ein Kraut am Wegesrand. Auf dem abschliessenden Bogen hingegen formen tiefschwarze Striche einen kräftigen Stamm mit nach oben gebogenen Ästen. Den finsteren Baum hat die Künstlerin mit dicken Kohleschichten übers Blatt gezogen. Schwarzer Kohlestaub umwölkt den Hauptdarsteller ohne Vorder- oder Hintergrund; die Kohle ist stellenweise so dick übers Papier gestrichen, dass Stamm und Äste plastisch hervortreten. Mit den Zeichnungen verortet sich Cahn in ihrer Umwelt, spürt den Pflanzen nach in inneren Bildern und zeichnet mit geschlossenen Augen: «die bewegung der pflanzen kann ich nur sehen, wenn ich mit geschlossenen augen zeichne: ich schliesse die augen und ahme die bewegung der pflanzen nach», schreibt Cahn über den Arbeitsprozess (Trummer 2019, S. 39).

Lesen in Staub. Den Pflanzendarstellungen sind Spuren der körperlichen Arbeit mitgegeben, Finger und Handballen haben ihren Abdruck hinterlassen. Jede Zeichnung ist das Ergebnis eines körperlich anstrengenden Prozesses, bei dem die Künstlerin bewusst eine Verbindung zum Material herstellt: «Ich zeichne liegend, kriechend, kauernd, mit schwarzer Kreide, tanze auf weissem Papier und wasche mir anschliessend den Staub vom Körper.» (Malz 1997, S. 11) Cahn beschreibt ihr temporeiches Arbeitsverfahren als «das einüben von (absolutem) kontrollverlust» (Cahn 1988, S. 116). Im Gegensatz zu ihren in grellen Ölfarben ausgeführten Gemälden ist der Werkzyklus ‹L.I.S., Lesen in Staub›, zu dem auch die Kastanien-Folge gehört, reduziert auf Schwarz-Weiss.

Der Kunstgeschichte gegen den Strich. Die Künstlerin arbeitet performativ: «Eintauchen, machen, raustauchen, fertig», erklärte Cahn ihre Arbeitsweise, bei der sie kaum länger als eine Stunde an einem Bild beschäftigt ist (Sternstunde Kunst 2004). So wie sich ihre Arbeitsweise aus ihrer feministisch-politischen Haltung begründet, folgt auch Cahns Motivwahl einem dezidierten Credo. Sie stelle dar, was in der von Männern dominierten Kunstgeschichte fehle. Daher malt die Künstlerin gebärende Frauen, pornografisch-gewaltvolle Szenen mit sich masturbierenden Frauen und Männern mit erigierten Penissen, allesamt zombiehaft gespenstische Gestalten, die auch ihre Kriegsbilder bevölkern. In diesem Sinne sind Miriam Cahns Zeichnungen, Gemälde, Texte und Videos als Konzeptkunst zu lesen, die sich dem männlich akademischen Gestus verweigern. In den hier vorgestellten Zeichnungen kündigt sich an, was Miriam Cahn mit schreienden Farben und verstörenden Motiven als Zeichnerin wie in der Malerei auszudrücken vermag; sie schafft traumartige Bildwelten, die mit ihrem Gegenwartsbezug in den Augen brennen.

↘ Cahn, Miriam: Das zornige Schreiben, Berlin 2019.
↘ Förderkreis Kunst + Kultur e.V. Stadt Offenburg, Stadt Offenburg (Hg.): Miriam Cahn – zeichnen, drawing, dessiner, Ausst.-Kat. Städtische Galerie Offenburg 2014, Freiburg i. Br. 2014.
↘ Haus der Kunst (Hg.): Miriam Cahn. Ich als Mensch, Ausst.-Kat. Kunstmuseum Bern, Haus der Kunst, München, und Museum für Moderne Kunst, Warschau 2019, München 2019.
↘ Lucas, Jana: Miriam Cahn, in: Jacobi, Fritz / Luig, Sibylle (Hg.): Schenkung Otto van de Loo: Nationalgalerie Berlin, Berlin 2003, S. 154–157.
↘ Malz, Isabelle (Hg.): Nicht nur Körper. Künstlerinnen im Gespräch, Baden 1997.
↘ Miriam Cahn. Lesen in Staub, Ausst.-Kat. Haus am Waldsee Berlin 1988, Kunstverein Hannover 1988/89, Berlin 1988. 2 Bde.
↘ Sternstunde Kunst: Miriam Cahn – Ohne Umwege, SRF 2004.
↘ Trummer, Thomas (Hg.): Miriam Cahn – das genaue Hinschauen, Ausst.-Kat. Kunsthaus Bregenz 2019, Köln 2019.

Sich verwandeln

Helen Balmer, ‹Metamorphose›, 1960/2020

Helen Balmer prägte über fünf Jahrzehnte die Plastik im öffentlichen Raum in Basel und Umgebung. Viele Arbeiten entstanden zusammen mit ihrem Mann Lorenz Balmer. Ihre ‹Metamorphose› im Garten der Alten Universität ist ein Schlüsselwerk.

«Die Skulpturen kommen von allein», befand Helen Balmer (O'Shea-Balmer/Müller 2008, S. 77). Man glaubt ihr diesen Satz sofort, hat sie sich doch über Jahrzehnte in ihrem Werk immer wieder auf Bruchstücke und auf den Zufall berufen. Bevorzugt fertigte die 1924 geborene Balmer Kleinplastiken und Reliefs aus Gips und Fundstücken wie Holz und Wurzeln. In ihrem Atelier im Wettsteinquartier entstanden vogelartige Wesen und geometrische Köpfe ebenso wie abstrakte, dreidimensionale Gebilde.

Präsenz in Basel-Stadt und Baselland. Allerdings dachte Balmer auch raumgreifend, etwa, als sie den Garten des heutigen Universitätsspitals mit einer grossflächigen, abgetreppten Brunnenanlage aus zwölf Betonbassins gestaltete (bis 1980). Ihr Mann Lorenz Balmer (1916–2004), ebenfalls Bildhauer, schlug viele ihrer kleinen Entwürfe monumental in Stein, wie den vier Meter hohen, aus gelbem Kalk gehauenen ‹Dreiklang› beim Gymnasium Bäumlihof (bis 1979), das über zwölf Meter lange, poetisch-organische Marmorrelief ‹Kalligraphie› am Schulhaus Fröschmatt in Pratteln (bis 1982) oder die vier Meter hohe ‹Frau mit Weihgabe und Wächter› (bis 1993) auf dem Friedhof Hörnli in Riehen. An diesen Auftragsarbeiten zeigt sich das Wesen von Helen und Lorenz Balmers Zusammenarbeit. Helens Urheberschaft blieb bei mancher Gemeinschaftsarbeit ungenannt. Die Entwürfe beanspruchte Lorenz Balmer im Rahmen von Wettbewerbsarbeiten für sich. Eine diesbezügliche Korrektur fand erst nach seinem Tod im Jahr 2004 statt. «... ich gestaltete kleinere Plastiken, er führte sie teilweise gross in Stein aus. Wir kritisierten uns gegenseitig, aber nicht oft», erklärte Helen Balmer später ihr stillschweigendes Abkommen in einem Interview. Auf die Frage, warum sie nicht für ihre eigene Autorinnenschaft gekämpft habe, antwortete sie: «Ich wollte meine Ideen verwirklichen und Frieden in der Familie. Ich war zufrieden, wenn ich meine Plastiken entwerfen konnte und sehen, wie sie realisiert wurden.» (Kuczynski 2018, S. 10 f.) Die Performancekünstlerin Irene Maag, die als Lernende im Steinbildhauerbetrieb der Balmers tätig war, fasst die künstlerische Verbindung so zusammen: «Helen agierte als kreativer Kopf, Lorenz war der Macher.»

Gertrud Spiess: ein Porträt. Zunächst studierte die in Langnau im Emmental als Helene Gerber geborene Helen Balmer in Zürich zwei Semester Architektur, dann in Bern Jura. Mit der letzten, 1949 absolvierten Prüfung hatte sie den Willen des Vaters nach einer soliden Ausbildung erfüllt. Sie kaufte ein Zugticket nach Paris, um bei Germaine Richier Bildhauerei zu studieren. Von der Ausnahmekünstlerin, die hybride Mischgestalten aus Bronze kreierte, lernte Balmer die Punktiermethode, das exakte Massnehmen vom lebenden Modell. Sie fertigte Porträts aus Gips oder Ton, um sie in Bronze giessen zu lassen. 1987 erhielt sie vom Kanton Basel-Stadt den Auftrag, Gertrud Spiess (1914–1995) zu porträtieren. Basels erste Grossratspräsidentin hatte dem kantonalen Parlament 1975/76 vorgestanden, bevor sie als erste Frau aus Basel zur Nationalrätin gewählt wurde. Seit dem Jahr 2018 wacht ihre Büste am Eingang zum Grossratssaal im Basler Rathaus.

Verwandlung am Rheinsprung. 1960 greift Helen Balmer – inzwischen als Mutter von zwei Töchtern, Ehefrau und Bildhauerin verschiedene Rollen ausfüllend – das Thema der Metamorphose auf. Anders als bei den Ovid'schen Erzählungen oder bei

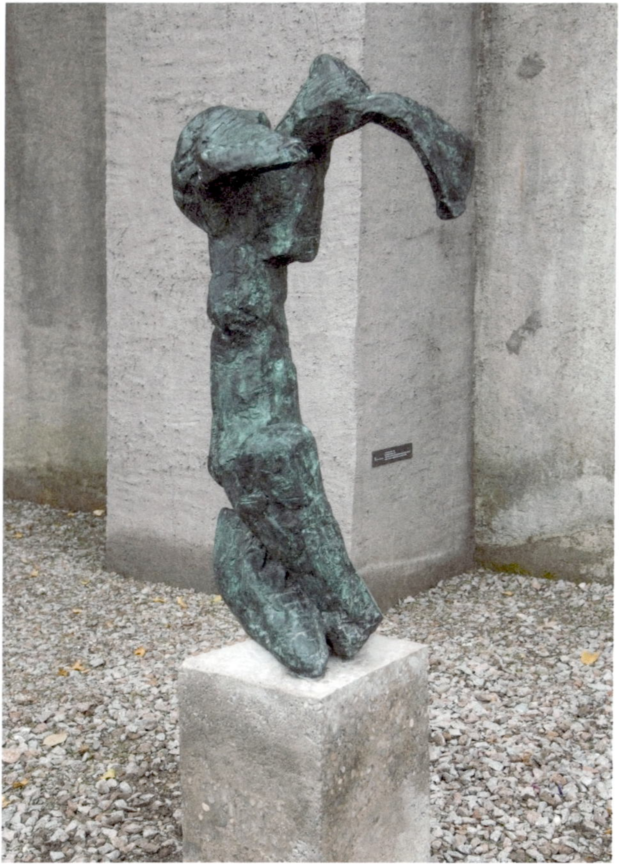

Helen Balmer, ‹Metamorphose›,
1960, Nachguss 2020.
Bronze, 110 × 47 × 49 cm.
Garten der Alten Universität
am Rheinsprung, Eigentum:
Kanton Basel-Stadt

Maria Sibylla Merians Insektenbuch ‹Metamorphosis insectorum Surinamensium› (1702) lässt Balmer bei ihrer 1,10 Meter hohen Bronzeplastik offen, wer oder was sich verwandelt. Das Unbestimmte ist die Qualität ihrer ‹Metamorphose›, die 2020 in einem Nachguss auf der untersten Terrasse im Garten der Alten Universität ihren Platz gefunden hat. Handelt es sich um einen Körper? Um ein Insekt oder um ein Mischwesen zwischen Mensch und Tier? Auf einem Betonsockel erhebt sich die Figur mit einer unebenen, nicht polierten, grün patinierten Oberfläche. Rillen und Vertiefungen in der Bronzehaut lassen noch den verspachtelten Ton des Modells spüren. Aus dem rumpfartigen Korpus wachsen unten stumpfe Ansätze von Schenkeln. Oben öffnet sich der Körper in drei Extremitäten, zwei davon ähneln bis zum Ellenbogen reichenden Oberarmen. Zwischen ihnen tritt eine Wölbung hervor und ein gekrümmter Flügel. Hat sich ein Schulterblatt verselbstständigt? Oder ist es ein wehender Schweif? Es scheint, als wolle eine enorme Kraft aus diesem Körper ausbrechen, um in einem berserkerhaften Tanz leichtfüssig und energisch zugleich über die Terrassen des Gartens zu springen. Geht es Balmer um den Kampf eines hybriden Wesens, seine Befreiung aus einer körperbedingten Gefangenschaft? Um diese abstrakten Begriffe in eine Skulptur zu übersetzen, braucht es eine Bildhauerin, die Mehrdeutigkeiten herzustellen weiss und – mit Hand und Auge ganz beim Material – an Fragen rührt, die zum Weiterdenken anregen.

Später Ruhm. Helen Balmer erfuhr erst im Alter grössere Aufmerksamkeit. Das Kunsthaus Zug erwarb 2019 einen Abguss der ‹Metamorphose›. Bei der Einweihung der Plastik im Garten der Alten Universität wies die Kunsthistorikerin Isabel Zürcher darauf hin, welche Bedeutung Balmer dem Bronzeguss zugemessen habe: Eine Plastik im kostspieligen Verfahren haltbar zu machen, war ein Bekenntnis. Es war die Freigabe des Entwurfs für sein langfristiges Überleben. Darin zeige sich das Vertrauen in eine Form, die um ihre Endgültigkeit gerungen hatte. Balmer ist im März 2023 in ihrem 99. Lebensjahr verstorben. Einschliesslich ihrer ‹Metamorphose› gibt es zwischen der Wettstein- und der Mittleren Rheinbrücke nun vier Arbeiten von Bildhauerinnen zu sehen, die zu einem Skulpturenspaziergang einladen: die ‹Perle› von Owsky Kobalt (1937–2019) neben dem Grossbasler Brückenkopf der Wettsteinbrücke, den ‹Marktplatzbrunnen› im Kreuzgang des Münsters sowie die ‹Helvetia auf Reisen› am Kleinbasler Brückenkopf der Mittleren Rheinbrücke, beide von Bettina Eichin (geb. 1942).

↘ Gespräch der Autorin mit Irene Maag, 25.03.2023.
↘ Chiquet, Andreas / Zürcher, Isabel: Helen Balmer. Zeichen stellen, Basel 2020.
↘ Kuczynski, Krystyna: Wahlfreiheiten. Künstlerinnen sprechen: Helen Balmer, Martha Braun, Lina Furlenmeier, Regula Huegli, Erda Kaganas, Elisabeth Stalder, Basel 2018.
↘ O'Shea-Balmer, Katrin / Müller, Hans-Joachim: Helen Balmer. Plastikerin, Basel 2008.

Unbefleckt empfangen

Konrad Witz, ‹Joachim und Anna an der Goldenen Pforte›, um 1437/1440

Schmach, Verheissung und ein Wiedersehen – die Altartafel ‹Joachim und Anna an der Goldenen Pforte› erzählt von einer Beziehungskrise. Auch stilistisch überrascht das Bild: Konrad Witz entzündet die mittelalterliche Bildwelt mit neuestem maltechnischem Know-how.

Während des Basler Konzils (1431–1449) versammelte sich die geistliche und politische Elite ganz Europas in der Stadt, die damals etwa 8000 Einwohner:innen zählte. Durchschnittlich hielten sich etwa 300 bis 400 Gäste zuzüglich Gefolge auf – Kardinäle, Bischöfe und Kleriker, unter ihnen zahlreiche Gelehrte und Humanisten. Anfangs waren es weit über 3000 Personen. Basel entwickelte sich in dieser Zeit zu einem Kunstzentrum; der aus Schwaben stammende Konrad Witz (um 1400 bis 1445/1447) gilt als wichtigster künstlerischer Zuzüger während des Konzils. Er malte, wie man es bis anhin im Oberrheingebiet nicht gesehen hatte. Das beeindruckte sogar den Konzilspapst Felix V. (1383–1451), für dessen Umkreis Witz 1444 die Altartafel mit dem ‹Wunderbaren Fischzug› (Genf, Musée d'art et d'histoire) schuf: Scheinbar realistisch schildert der Maler die Landschaft um den Genfersee und übertrifft damit in seiner Wirklichkeitserfassung alles bisher Dagewesene.

Augentäuschung. Auf der hier vorgestellten Tafel hat Witz vor goldenem Hintergrund mit Brokatmuster ein verblüffendes Setting aufgebaut. In seinem faltenreichen, leuchtend roten Umhang umarmt ein Mann eine grün gewandete Frau. Um wen es sich handelt, verraten die Inschriften der goldenen Heiligenscheine: «sant anna» und «sant joahim» sind die Eltern der Gottesmutter Maria. Während Joachim freudig seine Arme um Anna legt, hält diese ihren Blick gesenkt. Ihre Arme bleiben unter dem grünen Mantel verborgen. Konrad Witz hat verschiedene Details im Bild präzise artikuliert: Annas gläserne Mantelschliesse, die Schnalle am Schuh Joachims, das gemaserte Holz, die feinen, Schatten werfenden Kiesel, die Pfütze hinter Joachim, in der sich die Gräser spiegeln, oder die Risse im Putz des Torbaus, der nicht erkennen lässt, ob man hindurchgehen kann. Der Torbalken scheint nachträglich eingesetzt, wobei die Spitze des Grundsteins den Sockel gesprengt hat. Der Balken ragt geradezu dramatisch aus dem Gemälde. Wenn man sich im Altbau des Kunstmuseums vor dem Original niederhockt, verstärkt sich diese Täuschung des Auges.

Bildraum und Betrachter:innenraum. Die Tafel suggeriert, dass Licht aus dem Raum der Betrachter:innen ins Bild fällt: Der Bilderrahmen rechts unten wirft einen starken Schlagschatten in den Begegnungsort. Oben links zeichnet ein langgestreckter Schatten – ebenfalls vom Bilderrahmen – die Tormauer über der Konsole. Mit diesem illusionistischen Mittel verknüpft der Maler unsere Welt mit jener der Heiligen, die in einer göttlichen Wirklichkeit beheimatet sind. Ein weiterer Lichtschein trifft von rechts auf Anna und Joachim, auf die beiden Steinfiguren und den hölzernen Schlagbaum.

Die Schmach der Kinderlosigkeit. Die Geschichte von Anna und Joachim hat sich in apokryphen Texten überliefert, etwa im ‹Protoevangelium des Jakobus›. Anna und Joachim sind bis ins hohe Alter kinderlos geblieben. Als Joachim, ein reicher und frommer Mann, eines Tages im Tempel Opfer für die Armen bringen will, weist ihn der Hohepriester ab: Die Kinderlosigkeit seiner Frau wird als göttliche Missgunst gedeutet. Joachim zieht sich beschämt in die Wüste zurück, wo er vierzig Tage lang fastet und Busse tut. Dann erscheint ihm ein Engel und verkündet ihm die Geburt eines Kindes. Auch Anna wird zwischenzeitlich die Geburt einer Tochter vorausgesagt. Anna und Joachim ge-

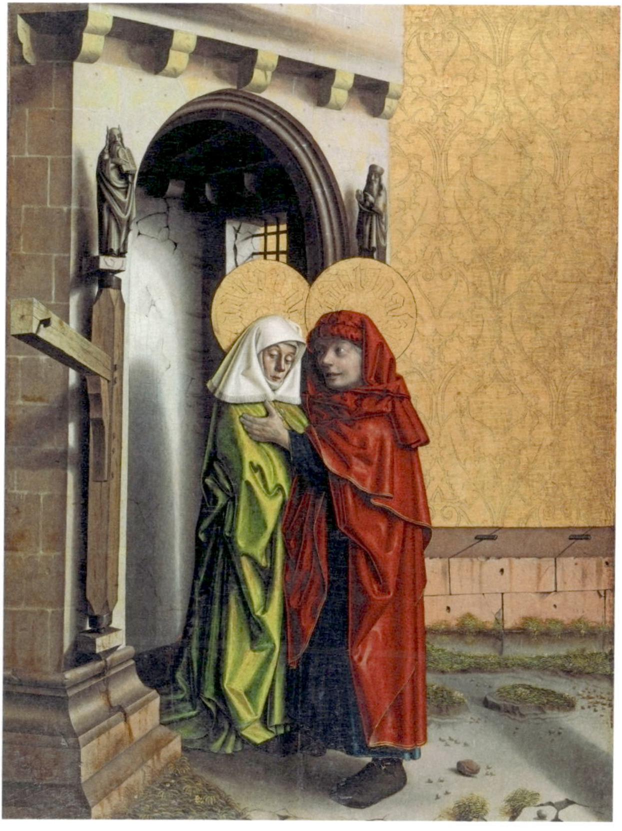

Konrad Witz, ‹Joachim und Anna an der Goldenen Pforte›, um 1437/1440. Mischtechnik auf mit Leinwand kaschiertem Fichtenholz, 158 × 120,5 cm. Kunstmuseum Basel

hen nach Jerusalem, wo sie sich vor der Goldenen Pforte wieder begegnen. Was fühlen und denken die beiden bei ihrem Aufeinandertreffen?

Unbefleckte Empfängnis. Moses und Aaron, Propheten des Alten Testaments, flankieren den Torbogen als Steinfiguren. Sie haben die Ankunft eines Erlösers längst vorausgesagt. Die biologische Elternschaft von Jesus bleibt ein Mysterium, der Bibel zufolge brachte ihn die Jungfrau Maria zur Welt, und auch Maria wurde von einer Jungfrau geboren. 1439 erklärte die Konzilsversammlung in Basel die ‹Immaculata Conceptio Beatae Mariae Virginis›, Marias unbefleckte Empfängnis, zum Dogma. ‹Unbefleckt› meint frei von Erbsünde. Diesem Umstand ist es zu verdanken, dass die Begegnung an der Goldenen Pforte in den Konzilsjahren häufig prominent auf Altarbildern zur Darstellung kam. Anna und Joachim sind die Garant:innen für Marias unbefleckte Empfängnis.

Konrad Witz. Während der Konzilszeit baute Konrad Witz in Basel eine Werkstatt auf, die er durch verschiedene Kundengruppen, Produkte und Dienstleistungen absicherte. Sie stattete städtische Immobilien mit Wandbildern aus, etwa das Kornhaus in Basel, produzierte Altarbilder für den hohen Klerus, illuminierte Bücher, belieferte den Adel mit preziösen Spielkarten, arbeitete für Kirchen und Klöster der Region und produzierte Gebrauchskunst wie etwa bemalte Fahnen. Der Name des aus der schwäbischen Stadt Rottweil stammenden Künstlers erscheint in Basler Quellen erstmals im Jahr 1434, als er in die Zunft zum Himmel, die Malerzunft, eintrat. Im folgenden Jahr, 1435, erhielt er das Basler Bürgerrecht, schon 1437 wird er in einer Urkunde der Lukasbruderschaft als Meister geführt. Das ‹Haus zum Pflug› in der Freien Strasse, in dem er wohnte und arbeitete, erwarb der Künstler 1443. Doch bereits zwischen dem Johannistag 1445 und Juni 1446 muss der Maler verstorben sein; seine Frau Ursula wird verschiedentlich als Witwe genannt.

Olsberger Altar. Die Basler Tafel mit Anna und Joachim war die Innenseite eines Altarflügels, der aussen die Verkündigung an Maria zeigte (heute im Germanischen Nationalmuseum, Nürnberg). Der gesamte Altar stand wahrscheinlich im Zisterzienserinnenstift Olsberg bei Rheinfelden, das nach einem Brand in den 1430er-Jahren neu aufgebaut und ausgestattet wurde. Den Betrachter:innen von damals muss die Kunst von Konrad Witz vorgekommen sein wie uns der Umstieg von einem eindimensionalen ‹Tetris›-Computerspiel zu virtuellen Gaming-Welten. Konrad Witz zündete in der hiesigen Malerei eine funkelnde Lebendigkeit und schuf Tiefeneffekte, welche die optischen Innovationen der altniederländischen Malerei und die oberrheinische Bildtradition verflochten.

↘ Kunstmuseum Basel (Hg.): Konrad Witz, mit Beiträgen von Bodo Brinkmann, Katharina Georgi, Stefan Kemperdick, Ausst.-Kat. Kunstmuseum Basel 2011, Ostfildern 2011.
↘ Lucas, Jana: Europa in Basel. Das Konzil von Basel (1431–1449) als Laboratorium der Kunst, Basel 2017.

Eine Visitenkarte fürs Basler Konzil

Votivtafel der Isabella von Portugal, nach 1440

Die Stadt Basel erhielt eines ihrer bedeutendsten Kunstwerke von der burgundischen Herzogin Isabella von Portugal: eine monumentale Gedenktafel aus Messing. Noch heute zeugt diese davon, dass Basel einmal der Mittelpunkt der Christenheit war.

Die Gedenktafel ist von einem Kalksteinrahmen eingefasst und zeigt im oberen Teil die burgundische Herzogsfamilie in der Gegenwart der trauernden Muttergottes. Im unteren, etwas kleineren Feld erinnert eine Inschrift von 19 Zeilen daran, dass Isabella von Portugal (1397–1471), als Herzogin von Burgund wohl die bedeutendste Regentin des 15. Jahrhunderts, dem Kleinbasler Kartäuserkloster die Summe von 1700 Gulden für den Bau zweier Zellenhäuschen und den Unterhalt der darin lebenden Mönche gestiftet hatte. (Zum Vergleich: ein stattliches Haus an der Freien Strasse kostete damals etwa 350 Gulden.) Beim Kartäuserorden handelt es sich um einen Schweigeorden, bei dem sich die Mönche vereinzelt in der Kontemplation dem Göttlichen nähern. Warum liess die in Brügge und Dijon residierende Herzogin in Basel eine metallene Urkunde mit einem Familienbild aufstellen?

Öffentlichkeitsarbeit auf dem Basler Konzil. Wie ihr Gatte Philipp der Gute (1396–1467) sorgte sich Isabella von Portugal darum, das Aussenbild des burgundischen Herzogtums aussergewöhnlich zu inszenieren. Mit zahlreichen Geldgaben unterstützte sie Klöster und errichtete Hospize. Ihr karitatives Engagement verband sie geschickt mit politischem Kalkül – die umfangreichen Geldzuwendungen ans Basler Kartäuserkloster demonstrieren es. Die Herzogsfamilie könnte man als Sponsoringpartner der Kartäuser bezeichnen. Als sich während des Generalkonzils in der Rheinmetropole die europäische Kirchenelite versammelte, lag es für die Herzogin nahe, die Niederlassung der Kartäuser in Basel zu unterstützen: Es galt als burgundisches Herzogshaus, an diesem kirchenpolitischen Gipfeltreffen auch visuell Präsenz zu zeigen.

Kartause auf Sponsorensuche. Zahlreiche Abgeordnete des Konzils diskutierten im Münster und in den Klöstern der Stadt drängende kirchenpolitische Fragen. Nur in der Kleinbasler Kartause St. Margarethental wurde nicht verhandelt, sie diente als ‹Chill-out-Lounge› des Konzils, als ein Ort des geistigen Rückzugs, wo man Bücher schrieb oder sich vom stressigen Konzilsalltag erholte. Das jüngste Kloster Basels hatte der Basler Kaufmann Jakob Zibol 1401/02 nach dem Vorbild der Kartause in Nürnberg gegründet. Bis zum Beginn des Konzils war der Bau der Kirche und des grossen Kreuzgangs weit fortgeschritten. Es fehlten um 1431 allerdings noch Zellenhäuschen, Glasfenster für die Kreuzgänge sowie die liturgische Ausstattung.

Der Vorsteher des Klosters versuchte, Konzilsbeteiligte für Zuwendungen zu gewinnen, um das Kloster fertigzustellen. Als Gegenleistung standen Gebete der Mönche in Aussicht für das Seelenheil der Gönnerinnen und Gönner, welche sich zugleich mit Kunstwerken in Erinnerung hielten. Mit diesem ‹Deal› gelang es dem Kartäuserprior nicht nur, gewöhnliche Stifter:innen zu finden für die Fertigstellung der Arbeiten, sondern sogar mehrere ‹Major Donors›, wie man es heute im Sponsoring ausdrückt. Eine der ‹Hauptsponsor:innen› war Isabella von Portugal.

Ein besonderes Familienporträt. Auf der Messingtafel aus der Zeit nach 1440 ist in der Mitte des Bildfelds die Muttergottes unter einem Kreuz zu sehen, die den Leichnam ihres Sohnes auf dem Schoss hält. Hinter dieser sogenannten Pietà (it. ‹Erbarmen›) befinden sich zu beiden Seiten des Kreuzes zwei Engel mit den Folterwerkzeugen Christi: der Dornenkrone und der Lanze. Leicht nach hinten

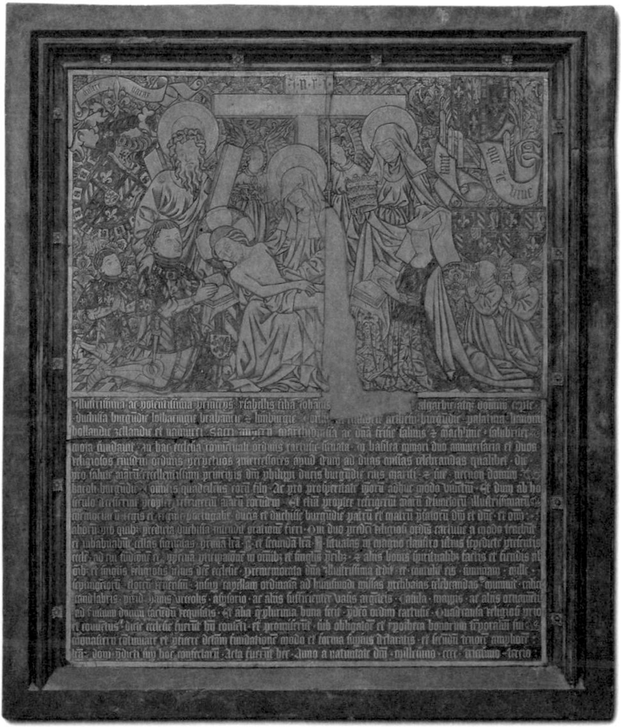

Unbekannt, Votivtafel der Isabella
von Portugal, nach 1440.
Gravierte Messingplatte mit Zinnanteil,
Kalksteinrahmen, 122,5 × 102,5 cm
(Rahmen 147 × 129,5 cm).
Historisches Museum Basel

versetzt steht zur Linken Marias Isabellas Schutzheilige, die heilige Elisabeth, in Ordenstracht mit drei Kronen.

Weiter rechts erscheinen die bereits im Kleinkindalter verstorbenen Söhne des Herzogspaares – gekennzeichnet durch die zivile Kleidung sowie durch die Kreuze über ihren gefalteten Händen. Über den beiden Knaben prangt je ein burgundisches Vollwappen. Zu Marias Rechten steht der Apostel Andreas, mit einem Arm auf das ihn kennzeichnende x-förmige Kreuz gestützt, mit dem anderen protegiert er Philipp den Guten, der vor einem Gebetspult kniet mit aufgeschlagenem Buch. Wappenrock, Dolch, Fersensporen und die Kette des Ordens vom Goldenen Vlies zeichnen ihn als Herzog von Burgund aus. Seitlich hinter ihm kniet sein Sohn und Nachfolger Karl (1433–1477), der sich später Karl der Kühne nannte. Dessen Amtsornat entspricht, im Gegensatz zur Kleidung seiner verstorbenen Brüder, dem des Vaters. Im Hintergrund treten die Wappenscheiben und Wahlsprüche der Stifterfamilie vor einem Brokatgrund hervor: Über der rechten Schulter von Andreas breitet sich erneut das burgundische Vollwappen aus, umgeben von der Kette des Ordens vom Goldenen Vlies, bekrönt von Helm, Helmzier sowie einer Banderole. «aultre n'aray» (‹Ich werde keine[n?] andere[n?] haben›), lautet darauf die Devise des Herzogs – ein Gelübde, das in der rechten Bildecke durch Isabellas Wahlspruch «tant que je vive» (‹so lange ich lebe›) vollendet wird. Das Spruchband der Herzogin ist um einen Zaun gelegt, welcher das Allianzwappen von Burgund-Portugal umfängt.

Die finanzielle Seite der Donation. Mit der lateinischen Inschrift fordert die Donatorin die Gegenleistungen der Klostergemeinschaft für ihre Gaben ein, und dies für die gesamte Herzogsfamilie einschliesslich ihrer Vorfahren. Die Mönche werden explizit aufgefordert, als langfristige Fürsprecher vor Gott täglich zwei Messen zu feiern – zu Lebzeiten des Herzogspaares und darüber hinaus. Von den insgesamt 1700 rheinischen Gulden wurden am grossen Kreuzgang der Kartause die beiden Zellen E und F gebaut. Die Zinserträge waren für den Lebensunterhalt der in diesen Zellenhäuschen lebenden Mönche bestimmt. Für die Gottesdienste finanzierte Isabella das benötigte liturgische Gerät wie etwa Kerzen oder die liturgischen Gewänder der Mönche. Das am Ende genannte Jahr 1433 markiert vermutlich den Beginn des langjährigen Stiftungsabkommens.

Material und Herstellung. Die herzogliche Votivtafel ist in vielerlei Hinsicht einzigartig: Herausragend sind nicht nur ihr Format, sondern ebenso die Originalität des Entwurfs, die Materialien sowie der Herstellungsprozess. Der Name des Künstlers ist nicht schriftlich überliefert, doch muss die Herzogin dieses innovative Objekt mit einem Meister der altniederländischen Malerei wie Rogier van der Weyden oder Petrus Christus geplant haben. Die Tafel wurde aus fünf kleineren Platten zu einem 122,5 × 102,5 Zentimeter grossen Rechteck zusammengesetzt. Ursprünglich war die Messingtafel farbig gestaltet. Die mit einem Beitel oder Stichel in die Platte geschnittene Zeichnung hatte man mit einer Art durchgefärbtem Siegelwachs gefüllt – buntfarbig im Bildteil und schwarz für den Text. Durch die polierte Messingoberfläche glänzte die Tafel an der Kirchenwand vor der Chorschranke der Klosterkirche und war von weither sichtbar. Erst im Jahr 1929 entdeckten Restauratoren den Kalksteinrahmen der Tafel in einer Wand der Kartäuserkirche. Er besteht aus schwarzem Kalkstein aus Tournai (im heutigen Belgien) und trägt stilisierte goldene Rosen, welche den Farbton des Messings aufnehmen.

Wer war Isabella von Portugal? Bereits seit ihrem 18. Lebensjahr, nachdem ihre Mutter an der Pest gestorben war, war Isabella prominent in die Regierungsgeschäfte am Königshof in Portugal eingebunden. Nach der Hochzeit mit Philipp dem Guten übersiedelte die damals 32-Jährige mit ihrem 2000-köpfigen Gefolge nach Burgund. Sie lernte zügig die französische Sprache, errichtete einen burgundisch-portugiesischen Hofstaat, fand offenbar einen Weg, mit dem Tod ihrer ersten beiden Söhne umzugehen, und erzog dann Karl am Hof zusammen mit einigen seiner Halbgeschwister, den unehelichen, aber legitimierten Kindern Philipps des Guten. Isabella leitete die Geschicke Burgunds an der Seite ihres Mannes, ordnete die Finanzen des Herzogtums, brachte eine Kreuzzugs- und Handelsflotte auf den Weg und handelte Friedensverträge mit

Kardinälen, Königen und Bischöfen aus. Und sie betrieb, nicht zuletzt mit Kunst, Öffentlichkeitsarbeit für den burgundischen Staat. Die Basler Votivtafel ist ein eindrückliches Beispiel für eine ausgefeilte Kampagne, bei der die Herzogin auch an anderen Orten ähnliche Tafeln aufstellen liess, jeweils in Niederlassungen der Kartäuser. Auch wenn die Basler Tafel aus nicht geklärten Gründen schlussendlich erst Mitte der 1440er-Jahre installiert wurde, als das Basler Konzil sich dem Ende zuneigte und sich Burgund längst dem in Italien residierenden Papst angeschlossen hatte, veranschaulicht sie Isabellas Denken, welches ökonomische Handlungsräume, politischen Geltungsanspruch und Frömmigkeit strategisch vereint.

↘ Lucas, Jana: Europa in Basel. Das Konzil von Basel (1431–1449) als Laboratorium der Kunst, Basel 2017.

↘ Lucas, Jana: Die geheimen Pionierinnen der Wirtschaft. Aussergewöhnliche Frauen, die unsere Wirtschaftswelt nachhaltig geprägt haben, München 2021, S. 25–40.

↘ Sommé, Monique: Isabelle de Portugal, duchesse de Bourgogne. Une femme au pouvoir au XVe siècle, Villeneuve d'Ascq 1998.

Eine unheimliche Begegnung

Kurt Seligmann, ohne Titel, wohl 1941

Kurt Seligmann verschmilzt in seinen Fantasiegestalten die Kunst der Alten Meister mit dem 20. Jahrhundert. Das albtraumhafte Szenarium mit drei Figuren zeichnete Seligmann, kurz nachdem er am Beginn des Zweiten Weltkriegs aus Europa fliehen musste.

Wie malt ein Künstler die existenzielle Bedrohung des eigenen Lebens? Der Surrealist Kurt Seligmann (1900–1962) lässt gesichtslose Metallwesen durch die Luft sausen, hängt ihnen Gewänder um und stattet sie mit Maschinen aus, die anmuten wie Musikinstrumente. Über der fantastischen Bleistiftzeichnung schwebt die Realität des Zweiten Weltkriegs. Die Zeichnung aus der Zeit um 1941 hängt in einem Sitzungszimmer der Bank Dreyfus Söhne & Cie AG, Banquiers, an der Aeschenvorstadt, wo Kundinnen und Kunden kunsthistorische Schätze der jüngeren Basler und Schweizer Kunstgeschichte bestaunen können.

Futuristische Figuren. Als hätte sich eine futuristische Bronzeskulptur in Malerei verwandelt, dynamisiert Seligmann seine drei verfremdet, fragmentiert und utopisch anmutenden Protagonisten. Die wundersam konzipierten Figuren scheinen aus Metall zu bestehen. Ihre Karren und Rüstungen hat der Künstler mit heraldischen Ornamenten verziert. Die Figur unten links sitzt auf einem schiffsartigen Gefährt, um zugleich eine Art Harfe zu spielen. Die durch die Luft jagende Gestalt scheint mit einem Kanonenrohr bewaffnet, das eine schmale Flagge schmückt. Ein drittes Wesen, mit seiner doppelten Grösse einem Drachen ähnlich, thront auf einem Podest, das auch ein Landungssteg sein könnte. Die Bleistiftzeichnung wirkt wie der Ausschnitt aus einem grösseren, dynamischen Ereignis, welches sich ausserhalb des Bildausschnitts fortsetzt und eine Welt hinter den bewussten Seinszusammenhängen aufruft.

Geschäftsmann oder Künstler? Kurt Seligmann kam am 20. Juli 1900 als Sohn eines jüdischen Möbelunternehmers in Basel zur Welt. Sein Vater, der für sein Einrichtungshaus 1908 eine viergeschossige Liegenschaft an der Falknerstrasse 19 errichten liess, hielt zunächst nichts vom künstlerischen Schaffen des Sohnes. Kaum hatte dieser eine künstlerische Ausbildung an der École des Beaux-Arts in Genf angefangen, beorderte ihn der gesundheitlich angeschlagene Vater im Februar 1920 zurück nach Basel, um ihn als leitenden Angestellten in der Firma mitwirken zu lassen. Die Zusammenarbeit hatte Bestand, bis Kurt Seligmann 1926 im Kunstmuseum die Ausstellung des Zeichners und Grafikers Urs Graf d.Ä. (um 1485–1528) sah. Wie wirkte die ebenso drastische wie zärtliche Figuration dieses einstigen Söldners auf den jungen Seligmann? Er kündigte im Sommer 1927 seine Anstellung im väterlichen Möbelgeschäft, um nach einer längeren Italienreise 1929 nach Paris überzusiedeln. Seligmann hatte sich für die Kunst entschieden. Im ‹Melting Pot› der französischen Kunstmetropole, an der Quelle des Surrealismus und gefördert unter anderem von Hans Arp, verschaffte sich der Schweizer erste Anerkennung mit einer Einzelausstellung 1932 in Paris sowie Gruppenausstellungen in den Kunsthallen von Basel und Bern. Eine Reise nach Kanada, wo er 1938 drei Monate bei einer Gruppe der ‹First Nations› lebte, wird Spuren hinterlassen im Werk. Dort erwarb er einen 13 Meter hohen Totempfahl – archaisches Gegenüber und handfester Zeuge einer anderen, inneren Welt.

Flucht aus Europa. «Die Gefahr eines Konfliktes ist gross», notierte Seligmann am 26. August 1939, bevor der jüdische Künstler und seine Frau Arlette ein Schiff in die Vereinigten Staaten bestiegen. Die unbetitelte Zeichnung ist gleichsam signiert von der existenziellen Bedrohung der Zeit. Seligmann führ-

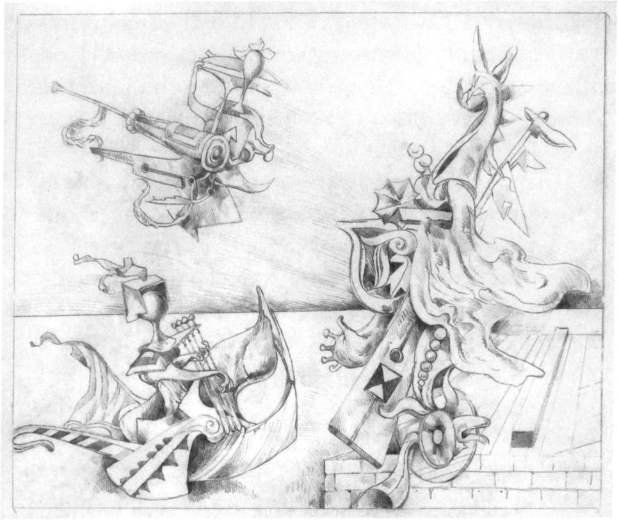

**Kurt Seligmann,
ohne Titel, wohl 1941.
Bleistiftzeichnung, 75 × 91,5 cm.
Privatsammlung, Basel**

te dieses Sujet zwischen 1939 und 1941 in mehreren Variationen als Zeichnung sowie seitenverkehrt als Glasmalerei aus – Zeugnisse seines Schaffens aus der Zeit seiner Flucht und der ersten Jahre in den USA. Eine der Glasmalereiversionen aus dem Jahr 1941 trägt den Titel ‹La Rencontre des éléments (Rendez-vous nocturne)›. Schon als junger Mann hatte Seligmann in einer Basler Druckerei als Aushilfe Glasprojektionsbilder koloriert, später perfektionierte er diese Technik wie bei dieser Glasmalerei, die dem Titel nach von einer nächtlichen Zusammenkunft der Elemente Erde, Wasser und Luft erzählt. Die Glasmalerei, zu welcher die vorliegende Zeichnung als direkte Vorlage diente, hat der Künstler selbst auf einen kindlichen Albtraum zurückgeführt, in dem seine Mutter und eine zweite Frau versucht hätten, mit ihm auf einem zu kleinen Floss zur See zu fahren. In Angst wendete sich die zweite Frau an ein auftauchendes Seeungeheuer, als er plötzlich eine laute, warnende Stimme hörte und erwachte. Weiterhin verbindet Seligmann das Bild mit der ‹Einschiffung nach Kythera› (1717, Louvre) von Jean-Antoine Watteau, in dem sich junge Damen und Männer versammeln, um auf die Liebesinsel Kythera überzusetzen. Vor dem Hintergrund seiner eigenen, ungesicherten Zukunft lässt Seligmann diese Liebesreise in einen Albtraum mit unberechenbarem Ausgang umschlagen.

Neues Kunstzentrum New York. Kurt Seligmann ging als einer der ersten surrealistischen Künstlerinnen und Künstler von Europa in die USA, wo er sich schnell in die New Yorker Kunst- und Kulturszene integrierte. Schon während seiner Kanadareise hatte er Kontakt mit dem New Yorker Galeristen Karl Nierendorf aufgenommen, der ihm zwei Wochen nach seiner Ankunft in den USA eine erste Ausstellung ausrichtete. Unter anderem verkehrte der Basler mit dem Dichterehepaar Claire und Yvan Goll, mit André Breton, André Masson, der Mitbegründerin des Ausdruckstanzes Hanya Holm sowie mit dem Kunsthistoriker Meyer Schapiro. Ebenfalls unterrichtete Seligmann den Maler Robert Motherwell. Zeit seines Lebens forschte der Künstler zur Geschichte der Magie, seine Erkenntnisse fasste Seligmann im Buch ‹The mirror of magic› zusammen, das er 1948 veröffentlichte. Da die Druckgrafik eine zentrale Rolle in seinem Schaffen einnahm, hatte sich Seligmann auf der 80 Kilometer nordwestlich von Manhattan gelegenen Farm Sugar Loaf, die das Ehepaar 1942 erworben hatte, eine Druckerpresse eingerichtet. Dort wollte Kurt Seligmann am Morgen des 2. Januar 1962 Nagetiere aus seinem Garten verjagen. Mit einem Gewehr eilte er hinaus, doch als er auf den vereisten Stufen der Veranda ausrutschte, löste sich ein Schuss. Die Kugel durchschoss seinen Kopf. Ob der sofortige Tod wirklich ein Unfall oder ein als Unfall inszenierter Suizid war, bleibt ungeklärt.

Totentänze. Der durch die Basler Fasnacht sowie oberrheinische Totentanzdarstellungen geprägte Künstler nimmt häufig Bezug auf Motive von Tod, Tanz und Verwandlung. Wie Schauspieler und in

Erinnerung an Alte Meister positioniert er seine unheimlichen Existenzen in kleinen Bühnenräumen. Ihr unberechenbarer Körperbau – eine Kombination aus organischem Wuchs und zweckentfremdeten Bauteilen – demonstriert auch in seiner farbintensiven Malerei, warum Seligmanns Kunst als ‹heraldischer Surrealismus› bezeichnet wird. In seiner Schweizer Heimat erfuhr Seligmann erst postum mit Stephan E. Hausers 1997 veröffentlichter Monografie eine grössere Aufmerksamkeit. Für viele Baslerinnen und Basler bleibt der Künstler noch zu entdecken, obwohl Seligmann wie kein anderer Maler zu zeigen vermag, wie sehr der Surrealismus auch in der Kunst des 16. und 17. Jahrhunderts wurzelt. Denn Seligmann stand künstlerisch mit einem Fuss bei Maler-Erfindern wie Niklaus Manuel Deutsch, Urs Graf d.Ä., Hieronymus Bosch oder Matthias Grünewald und mit dem anderen mitten im 20. Jahrhundert.

↘ Erläuterungen zur Zeichnung von Stephan E. Hauser (E-Mail vom 13.06.2023).
↘ Hauser, Stephan E.: Kurt Seligmann 1900–1962: Leben und Werk, Basel 1997.
↘ Hauser, Stephan E.: The European years: 1900 to 1939, in: Kurt Seligmann. First message from the spirit world of the object, Ausst.-Kat. Weinstein Gallery in San Francisco 2015, San Francisco 2015, S. 15–49.
↘ Sawin, Martica: Surrealism in exile and the beginning of the New York School, Cambridge, Mass., und London 1997.
↘ Seligmann, Kurt: Magic circles, in: View, February/March 1942, S. 3.
↘ Seligmann, Kurt: The mirror of magic, New York 1948.

Erotik im Brunnenbecken

Meret Oppenheim, ‹Die Spirale (der Gang der Natur)›, 1971/1977, 2019

Auf dem Meret Oppenheim-Platz neben dem Bahnhof SBB steht ‹Die Spirale›. Die mehrdeutige Brunnenfigur wurde 2019 postum nach Entwürfen der Künstlerin errichtet.

«Unseren Städten und Dörfern würde etwas Phantasie wohl anstehen», schreibt Meret Oppenheim (1913–1985) im Jahr 1980 über Kunst auf öffentlichen Plätzen. Die Künstlerin schlägt vor, man solle den Leuten hinstellen, «was ihnen Freude macht. ... alle würden sich an grossen oder kleinen Anlagen freuen, mit oder ohne Bepflanzung, mit zum Beispiel einer durch Wind und Wasser bewegten plastischen Form, die vielleicht noch mit ‹Musik›-Tonabläufen verbunden ist, die etwas in unseren Alltag zurückbringen, nach dem sich manche heimlich sehnen.» (Meret Oppenheim usw. 1980, o.S.) Dass in Basel, der Stadt ihrer Jugend, ein Platz nach ihr benannt und mit einem Brunnen geschmückt würde, hat die berühmte Schweizer Künstlerin nicht erahnen können. Erfreut hätte es sie bestimmt, wie die Kuratorin Bice Curiger in einem Projektgutachten ausführte. ‹Die Spirale› wurde 2019 auf Anregung der Architekten Jacques Herzog und Pierre de Meuron und in Zusammenarbeit mit Westpol Landschaftsarchitekten realisiert.

Verwandlung und Transzendenz. Die allansichtige Messingskulptur lädt dazu ein, den flachen Teller des Brunnenbeckens von 19 Metern zu umrunden und das sinnliche Objekt in der Mitte wenigstens mit den Augen zu betasten. Der nördliche Rand des Beckens ist abgesenkt, wodurch das innen schwarz gefasste Becken wirkt, als wäre es gekippt. Ist das Wasser, welches den eleganten Körper umfliesst, der ‹Gang der Natur›? Oder ist es die hybride Gestalt selbst, die sich in leichter Drehung emporreckt und deren weiche Wölbungen wie unter einem eng anliegenden Kleid hervortreten? Das über diesen Torso fliessende Wasser hinterlässt Spuren in Türkisgrün; das oxidierte Kupfer hat feine Bänder gezogen über die einst golden polierte Oberfläche. Oppenheims noble Figur fusst auf vier Fortsätzen, die vielleicht unter Wasser zu Wurzeln auswachsen; oben gabelt sie sich in eine vierarmige Krone, auslaufend in je zwei runde und zwei eckige Flächen, besetzt mit rotem und grünem Glas.

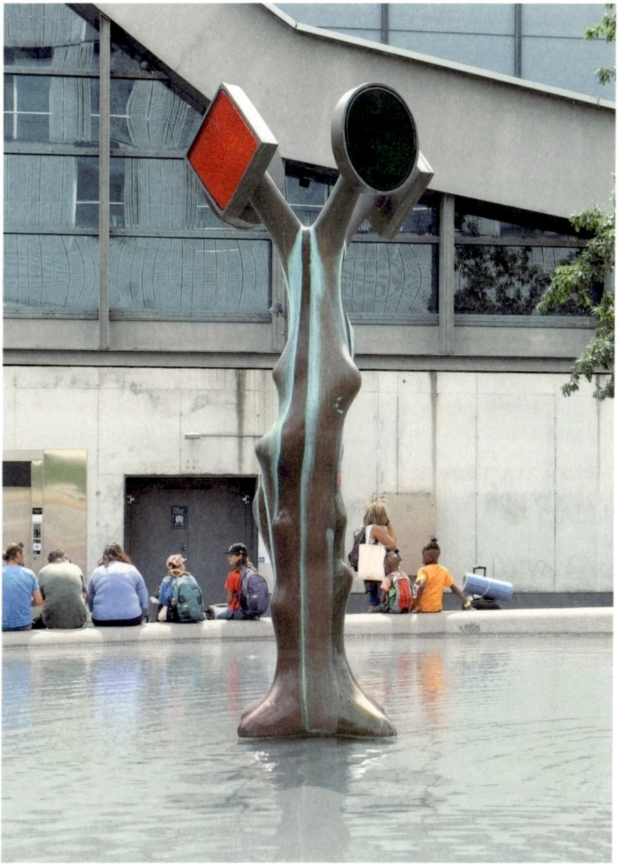

Meret Oppenheim, ‹Die Spirale (der Gang der Natur)›, 1971/1977, 2019. Messingguss, poliert; Glasguss, geschliffen, 360 × 156 × 144 cm. Meret Oppenheim-Platz, Basel, Eigentum: Kanton Basel-Stadt

Metamorphotische, die Natur thematisierende Darstellungen ziehen sich durch Oppenheims gesamtes Werk: Das Unbestimmte, Traumhafte, Fantastische unterwandert dabei immer wieder die scheinbar vertraute Gegenständlichkeit, Materialien mit Bildern des Unterbewussten und des Traums.

Brunnenideen. Seit Anfang der 1970er-Jahre beschäftigte sich Meret Oppenheim mit Kunst im öffentlichen Raum. Sie entwarf Brunnenmodelle und Skulpturen für Plätze, auf deren Ausführung sie hoffte. Schon 1966 zeichnete sie einen ‹Hermes-Brunnen› und modellierte einen mit immergrünen Kletterpflanzen versehenen ‹Merkur-Brunnen› für einen grossen Platz vor Geschäftshäusern. Es folgten die ‹Propellerblume› (1976) sowie Modelle für ‹Kubische Kristalle›, die ‹Schwimmende Blüte› sowie für den brunnenartigen Wasserpavillon ‹Unter Wasser› (alle 1979). Schliesslich konnte Oppenheim 1983 für den Waisenhausplatz in Bern eine acht Meter hohe, turmartige Betonsäule realisieren, an der sich als Wasserlauf metallene Rinnen entlangwinden. Tuffsteine und ein biotopartiger Bewuchs werfen längst die Frage auf, wie viel freies Wachstum zum Brunnen gehört und wo der ‹Gang der Natur› einzudämmen ist.

Kleinplastik als Ausgangspunkt. Auch die Idee für den Basler Brunnen geht auf ein bereits 1971 entstandenes, kleines Gipsmodell zurück: «Die ausgeführte Skulptur (in Stein oder Bronze vorgesehen) soll etwa 1,5 bis 2 m hoch werden, ohne Sockel gerechnet. Der Sockel soll auf starken Federn stehen, sodass sich das Ganze bei Berührung bewegt und die Gläser von den vier Köpfen an die Bronzerahmen schlagen.» (Curiger 1982, S. 207) Auf Grundlage dieses Modells fertigte Oppenheim 1977 die Skulptur ‹Die Spirale (der Gang der Natur)› aus Bronze, Glas und einem beweglichen Marmorsockel auf Metallfedern (45 × 12 × 12 cm). Oppenheim selbst betreute vor 1986 die Realisierung eines Brunnens entlang dieses Entwurfs. Er steht im ‹Ancien Jardin› der École Polytechnique Montagne Sainte-Geneviève in Paris, allerdings fehlen dort die gläsernen Einsätze. Die Basler Brunnenskulptur hat die Kunstgiesserei St. Gallen in einem aufwendigen Produktionsprozess gefertigt. Hier bewegen sich sogar, wie einst im Modell angedacht, die Glaseinsätze minim bei Windstössen.

Paris und die Surrealist:innen. Mit Basel ist das Leben der 1913 in Berlin geborenen Meret Oppenheim eng verbunden. Die Tochter eines jüdischstämmigen deutschen Arztes und einer Schweizer Mutter wächst auf in Steinen im Wiesenthal, im Berner Jura und in Basel, wo sie mit den wenig älteren Künstlern Walter Kurt Wiemken, Otto Abt, Walter Bodmer sowie mit Irène Zurkinden verkehrt. Mit ihr reist sie 18-jährig nach Paris, wo sie schnell in Kontakt mit Surrealist:innen kommt. Dazu zählen unter anderem der ebenfalls aus Basel stammende Kurt Seligmann, André Breton, Alberto Giacometti und Max Ernst, mit dem sie eine Liebesbeziehung beginnt, sich jedoch nach einem Jahr trennt, um ihre künstlerische Autonomie zu wahren. Während

Oppenheim 1936 mit Dora Maar und Pablo Picasso in einem Café sitzt und eines ihrer pelzbezogenen Armbänder trägt, scherzt die Runde, dass man eigentlich alles mit Pelz beziehen könne. Oppenheim beklebt einen Teller, eine Tasse und einen Löffel mit Gazellen-Pelz: Es ist die Geburtsstunde ihres ‹déjeuner en fourrure› – jener ‹Pelztasse›, die ein Jahr später vom New Yorker Museum of Modern Art erworben wird. Doch Oppenheim lässt sich nicht als ‹Pelz- oder Überzugskünstlerin› vereinnahmen, sondern arbeitet stets daran, mit Objekten, Möbeln, Collagen, Gemälden, Zeichnungen, Mode und Schmuck dem Alltag einen Zauber abzugewinnen oder eine ungewohnte Wendung.

Zurück in Basel. 1937 kehrt die Künstlerin zurück nach Basel und besucht zwei Jahre die Kunstgewerbeschule. Während des Krieges wohnt sie in einem kleinen Zimmer im Haus der Grossmutter im Klingental, die inzwischen aus Geldnot zusammen mit Oppenheims Eltern im Tessiner Ferienhaus lebt. Laut eigenen Angaben gerät Oppenheim ab 1937 in eine künstlerische Krise, die bis 1954 andauern wird. In dieser Zeit erschafft sie auch Bilder, die ihre durch Krieg und die Distanz von Paris verursachte künstlerische Lähmung thematisieren; so etwa die Gemälde ‹Steinfrau› (1938), ‹Das Leiden der Genoveva› (1939), ‹Daphne und Apoll› (1943) oder ‹Krieg und Frieden› (1943), das schon im Jahr der Entstehung vom Kunstmuseum Basel erworben wird. 1949 zieht Oppenheim mit ihrem Ehemann Wolfgang La Roche nach Bern. Der Tessiner Familiensitz ihrer

Grosseltern in Carona dient ihr als weiterer Wohnort, ab 1959 hält sie sich vielfach dort sowie in Paris auf. Am Tag der Vernissage zu ihrer Buchedition ‹Caroline› stirbt die Künstlerin 1985 unerwartet an den Folgen eines Herzinfarkts in Basel.

Die Freiheit muss man sich nehmen. Meret Oppenheims Kunst und Biografie sind Aufforderungen, das eigene Leben wie ein Kunstwerk zu begreifen und zu gestalten. Dass Frauen sich die Freiheit dazu erst nehmen müssten, erklärte sie bei ihrer Rede zur Verleihung des Kunstpreises der Stadt Basel (1975). «Bei den Künstlern ist man es gewöhnt, dass sie ein Leben führen, wie es ihnen passt – und die Bürger drücken ein Auge zu. Wenn aber eine Frau das gleiche tut, dann sperren sie alle Augen auf. Das und viel anderes mehr muss man in Kauf nehmen. Ja, ich möchte sogar sagen, dass man als Frau die Verpflichtung hat, durch seine Lebensführung zu beweisen, dass man die Tabus, mit welchen die Frauen seit Jahrtausenden in einem Zustande der Unterwerfung gehalten wurden, als nicht mehr gültig ansieht. Die Freiheit wird einem nicht gegeben, man muss sie nehmen.» (Eipeldauer 2013, S. 270 f.)

↘ Bühler, Martin A. / Baur, Simon (Hg.): Brunnengeschichten, Ostfildern 2010.
↘ Curiger, Bice: Meret Oppenheim. Spuren durchstandener Freiheit. Texte und Gedichte. Vollständiges Werkverzeichnis bearb. v. Dominique Bürgi, Zürich 1982.
↘ Eipeldauer, Heike u.a. (Hg.): Meret Oppenheim – Retrospektive, Ausst.-Kat. Bank Austria Kunstforum, Wien, und Martin-Gropius-Bau, Berlin, 2013, Ostfildern-Ruit 2013.

↘ Manthey, Stefanie: Meret Oppenheim – La Spirale, ein Brunnen für Basel, in: Kunstbulletin 12/2019, https://www.artlog.net/de/kunstbulletin-12-2019/meret-oppenheim-la-spirale-ein-brunnen-fur-basel, abgerufen am 11.05.2023.
↘ Meret Oppenheim, Lilly Keller, Margrit Jäggli, Reinhard Rühlin, Herbert Distel, Christian Lindow, Claude Sandoz, Ausst.-Kat. Kunsthalle Bern 1980, Bern 1980.
↘ Meyer-Thoss, Christiane: Meret Oppenheim: Buch der Ideen. Frühe Zeichnungen, Skizzen und Entwürfe für Mode, Schmuck und Design, Bern 1996.
↘ Zimmer, Nina u.a. (Hg.): Meret Oppenheim – mon exposition, Ausst.-Kat. Kunstmuseum Bern 2021, The Menil Collection, Houston, The Museum of Modern Art, New York 2022, München 2021.

Basler Fasnacht mit Joseph Beuys

**Joseph Beuys,
‹The Hearth (Feuerstätte)›, 1968–1974,
und ‹Feuerstätte II›, 1978/79**

Die Fasnachtsclique ‹Alti Richtig› verhöhnt 1978 die vom Basler Kunstmuseum erworbene Rauminstallation ‹The Hearth (Feuerstätte)› von Joseph Beuys. Die aus diesem Fasnachtssujet erwachsene ‹Feuerstätte II› wird seither zusammen mit der ursprünglichen Installation ausgestellt.

15. Februar 1978. Die Basler Fasnachtsclique ‹Alti Richtig› marschiert durch die Basler Innenstadt. Die Piccolospieler tragen Filzanzüge und Larven in Form von goldenen Kamelköpfen und schleifen Stöcke hinter sich her. Auch ein alter Eselskarren gehört zum Zug. Der Trupp verhöhnt den Ankauf der Installation ‹The Hearth (Feuerstätte)› durch die

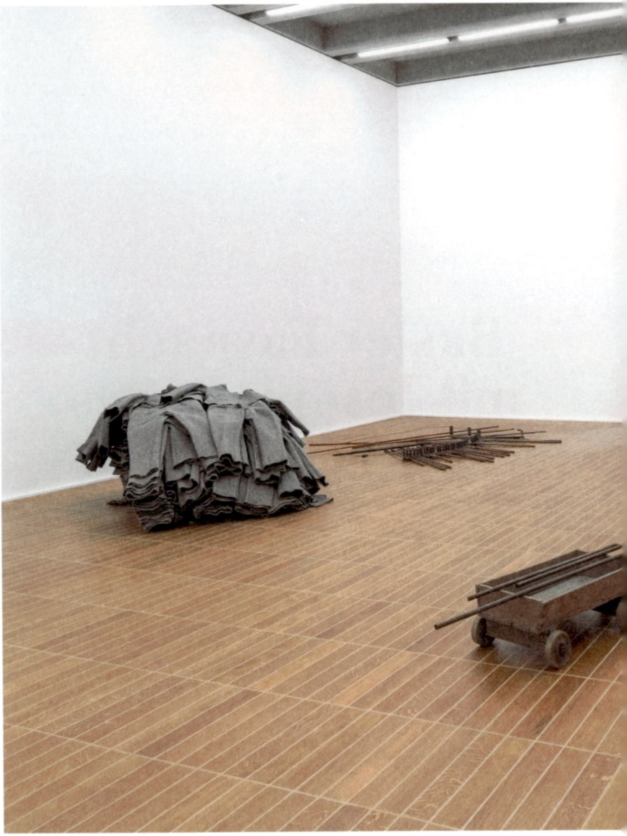

Joseph Beuys, ‹The Hearth (Feuerstätte)›, 1968–1974, und ‹Feuerstätte II›, 1978/79. Raumplastik mit Elementen aus Kupfer, Eisen, Filz, Holz und weisser Kreide (Wagen, z.T. mit Filz umwickelte Kupfer- und Eisenstäbe, Wandtafeln), 64 Filzanzüge. Kunstmuseum Basel

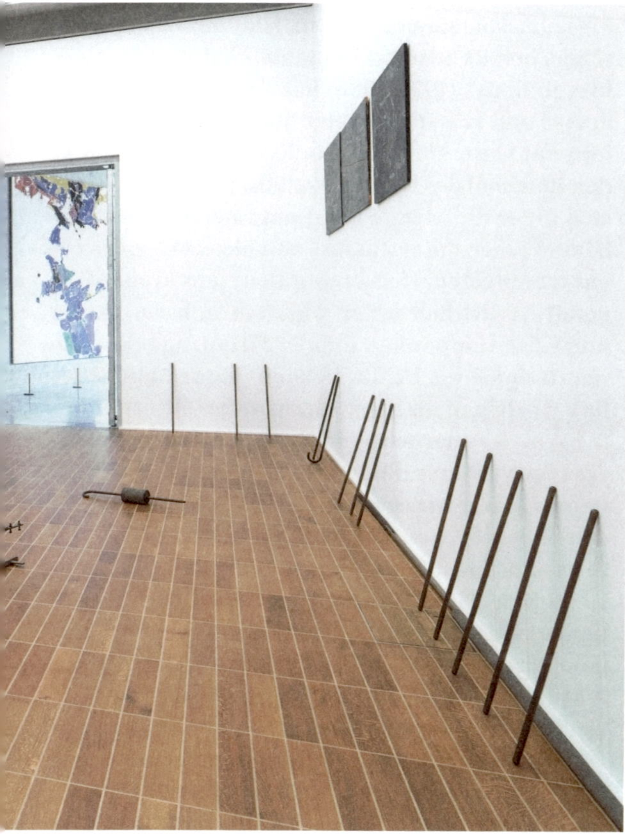

Museumskommission. Die Installation des westdeutschen, bereits äusserst bekannten Aktionskünstlers Joseph Beuys (1921–1986) hat 300 000 Franken gekostet und stösst bei vielen Baslerinnen und Baslern auf Unverständnis. Die Fasnächtler ziehen in den Innenhof des Kunstmuseums. Joseph Beuys hat sich unter die Menge gemischt und verteilt eigenhändig gegen ihn verfasste Pamphlete: «Geschmiert mit teurem Steuerfett brennt Beuysens krause Feuerstätt …» ist hier unter anderem zu lesen. Beuys nutzt das Happening, um die Filzanzüge der Narren zu signieren. Da die meisten Cliquenmitglieder ihre Anzüge nicht abgeben, wird der Künstler viele Exemplare nachschneidern lassen. Im Anschluss arrangiert Beuys die im Museumshof abgelegten Requisiten zu einer neuen Arbeit, die er 1979 mit dem Titel ‹Feuerstätte II› versieht. Seither ist diese zusammen mit ‹The Hearth (Feuerstätte)› ausgestellt. Eingeladen hatten den Künstler zwei Mitglieder der Clique, deren Namen längst zum Synonym geworden sind für ein weltweit erfolgreiches Architekturbüro: Jacques Herzog und Pierre de Meuron haben mit Beuys diese gewiefte Aktion geplant.

Eine permanente Konferenz. Bereits 1969 hatte das Kunstmuseum Beuys' erste Einzelausstellung in der Schweiz gezeigt. Seine Arbeiten unterliegen einem eigens entwickelten symbolischen Bedeutungssystem. Für viele Teilobjekte nutzte der Künstler ein spezielles Vokabular. Neben seinen Happenings und den daraus hervorgegangenen Editionen machen rund vierzig Installationen einen grossen Teil seines Werkes aus. Zentral dabei ist, dass Beuys den Raum mit einbezieht, egal ob innen oder aussen – wie bei der Aktion ‹7000 Eichen› in Kassel (ab 1982) oder bei der Installation ‹The Hearth (Feuerstätte)›, die Beuys' künstlerische und gesellschaftspolitische Ideen zu einer begehbaren Raumplastik verdichtet. Erstmals hatte Beuys seine ‹Feuerstätte› 1974 auf der Art Basel in der New Yorker Galerie Feldman installiert. Sie suggeriert, dass sich hier eine Gruppe von Menschen zum Diskutieren um ein Feuer versammelt hat. Beuys verwendete für dieses Bild den Begriff einer «permanenten Konferenz» (Koepplin 2003, S. 17). Die ‹Hauptakteure› der Zusammenkunft sind an die Wände des Raumes gelehnte Stäbe, die der Künstler nach einem einzelnen Stab in Gruppen der Primzahlen 2, 3, 5, 7 und 11 von links nach rechts angeordnet hat. Der lange Kupferstab in der Boden-Wandkante hinter der 5er- und 7er-Gruppe ist teilweise mit Filz umwickelt und mit einem Eisenkolben zusammengeschraubt. In der Berührung von Kupfer und Eisen entsteht ein leichter Stromfluss – für Beuys Zeichen psychischer Wärme.

Wagen und Stäbe. Der Handwagen führt der Runde der Diskutierenden einen langen Kupferstab hinzu, der noch auf das Zusammenschrauben wartet. Beuys bezeichnet den Stock als Eurasienstab – einen in diesem Fall noch nicht zusammengebauten Stab mit zurückgeführter Krümme, der etwa 50 Kilogramm wiegt. Der Rücklauf des Eurasienstabes soll eine Bewegung zwischen Osten und Westen andeuten, oder überhaupt einen Gedanken, der einen Teil seines Weges zurückgeht bzw. zurückgedacht wird. Vor dem Wagen liegt ein mit einer Filzbahn umwickelter Spazierstock aus massivem Kupfer – jenem Metall, mit dem Beuys die Eigenschaften Intuition und Kreativität verband.

Drei Schultafeln mit Kreidezeichnungen. Zwei der drei mit Kreide beschriebenen Tafeln stammen von Vorträgen, die Beuys in Oxford gehalten hat. Auf der linken Tafel ist in Grossbuchstaben «Eisen» geschrieben und auch die Bezeichnung des chemischen Elements Eisen «Fe» (von lat. ‹ferrum›) ist zu erkennen. «The total economical mode» auf der mittleren Tafel erzählt von der Dreigliedrigkeit der Gesellschaft, deren Verbesserung Gedanken braucht, die durchs Feuer gegangen sind. Beide Tafeln hat Beuys datiert mit «Oxford 10. Mai 1974». Auf der rechten Tafel steht in deutscher Frakturschrift «Feuerstätte», was dem Werk seinen Titel gab. In der Mitte sind die Umrisse von Irland zu erkennen und «The brain of Europe». Tafeln tauchen immer wieder im Werk von Beuys auf, etwa bei der bekannten Installation ‹Richtkräfte einer neuen Gesellschaft› (1974–1977, Hamburger Bahnhof in Berlin).

Skulptur als Ideenträger. Joseph Beuys bleibt ein strittiger und bewunderter Jahrhundertkünstler zugleich. Er distanzierte sich nicht von seiner Vergangenheit als Soldat der deutschen Wehrmacht im Zweiten Weltkrieg, er gestaltete seine Biografie legendenhaft, indem er angab, Krimtataren hätten ihn nach einem Flugzeugabschuss in Fett und Filz gewickelt. Beuys agierte aber auch als Gesellschaftsreformer, denn das Denken spielte in seinem Werk eine zentrale Rolle, wie bereits 1972 auf der documenta 5 mit seinem ‹Büro für direkte Demokratie durch Volksabstimmung› und auch bei ‹The Hearth (Feuerstätte)› zu erleben war.

Beuys veranschaulichte mit den Materialien Filz, Eisen und Kupfer die Kraft sozialer Energie, die es braucht, um politische Systeme zu gestalten. Wie gesellen wir uns heute zu den imaginären Gesprächspartnern? Sollen wir als Betrachtende den Stock ergreifen und den Wagen bei der Deichsel packen? Der Nordirlandkonflikt ist nicht mehr so drängend wie vor fünfzig Jahren, der Kalte Krieg ist beigelegt. Aber wenn auf den Tafeln etwas über den Ukraine-Krieg, über die Klimakatastrophe oder die Coronapandemie stünde, dann liesse sich die damalige Wirkmacht dieser Arbeit nachempfinden. Ein Gedanke, der durchs Feuer gegangen ist, verkörpert ein starkes Bild. Und Künstler:innen, in deren Werken es zwar visuell nicht brennt, die aber zu brennenden Fragen der Gesellschaft Stellung beziehen und Veränderungen provozieren wollen, brauchen wir mehr denn je.

↘ Koepplin, Dieter: Joseph Beuys in Basel, Band 1: Feuerstätte, München 2003.
↘ Skrandies, Timo / Paust, Bettina (Hg.): Joseph Beuys Handbuch. Leben – Werk – Wirkung, Berlin 2021.
↘ Ursprung, Philipp: Joseph Beuys: Kunst. Kapital. Revolution, München 2021.

Unendliche Möglichkeiten

Mary Vieira, ‹Polyvolume: itinéraire hexagonal métatriangulaire, à communication tactile›, 1966–1968

In der Basler Universitätsbibliothek treffen Besucherinnen und Besucher auf eine Skulptur der brasilianischen Künstlerin Mary Vieira. Entstanden ist sie für den damals gerade fertiggestellten Neubau von Otto Heinrich Senn.

Mary Vieira (1927–2001) kreierte Skulpturen mit unendlichen Möglichkeiten. ‹Polyvolumes› nannte die Künstlerin ihre beweglichen, auf das Eingreifen der Betrachtenden hin konzipierten Werke. Dazu stapelte sie hundertfach Platten aus Aluminium oder Stahl auf einer Achse. Als 1968 der Neubau der Basler Universitätsbibliothek von Otto Heinrich Senn (1902–1993) fertiggestellt war, bespielte

Vieira das Foyer im ersten Stock mit einem ‹Polyvolume›. Eingefasst in fünf geometrische, spiralförmig um ein Zentrum angelegte Formen erhebt sich auf einer Bodenplatte die 3,5 Meter hohe Stele aus mehr als 700 dünnen Aluminiumplatten. Die immer gleichen Dreiecke hat die Künstlerin an einer vertikalen Mittelachse so übereinandergestapelt, dass sie sich drehen lassen. Die Aluminiumplatten heben sich durch dünne Metallscheiben leicht voneinander ab. Betrachtet man die hohe, auch an einen Totempfahl erinnernde Plastik aus einigen Metern Abstand, mutet sie daher durchscheinend an. Die Form des Dreiecks zeichnet sich auch auf den Oberflächen der spiralförmig angeordneten Bodenkörper wieder. Sind alle Dreiecksplatten gleich angeordnet, entsteht ein Körper, ein Dreiecksprisma. Da jedoch jede Platte in der Ebene eine andere Ausrichtung einnehmen kann, ergeben sich für die Silhouette unendliche Variationen. Es lassen sich gewundene Spiralen, Sterne oder Wellenlinien ausbilden, man kann aber auch nur eine Platte aus einer gegebenen Ordnung drehen. Mary Vieira lädt uns ein, aktiv zu werden und die geometrische Gesetzmässigkeit in etwas Fluides oder in eine gezackte Form zu verwandeln.

Erstes Atelier auf dem Kasernenareal. In Basel hat die polyglotte Künstlerin vielfältige Spuren hinterlassen. Zunächst arbeitete sie in einem Atelier am Nadelberg, welches sie jedoch 1964 verlassen musste, weil die Universität die Räume beanspruchte. Daraufhin bezog die Brasilianerin als erste Künstlerin ihr Bildhaueratelier in der Kirche des früheren Dominikanerinnenklosters auf dem Kleinbasler Kasernenareal, das nach einer militärischen Nutzung von den Sanitätstruppen der Armee verlassen wurde. In einem Interview berichtete sie, wie ein noch anwesender Oberst regelmässig überprüfte, ob sie ihren grünen Fiat Topolino auf dem leeren Platz parallel und nicht rechtwinklig zum Ateliereingang geparkt hatte. Bis heute nutzen Künstlerinnen und Künstler Ateliers im Schiff der ehemaligen Klingentalkirche, Vieira legte den Grundstein dazu. «Im Atelier in der Kaserne konkretisierten sich viele meiner monumentalen Projekte, wie die Polyvolumen ‹Ertastbare Partizipation› für die Universitätsbibliothek Basel, die ‹Funktion entgegengesetzter Kräfte› für das Institut für pathologische Anatomie und das ‹Intervolumen: Flexibeton› für die Milchsuppe Basel [Gelände beim Hauptsitz des Basler Bürgerspitals, Anm. d. Autorin]», erläuterte Vieira retrospektiv zur Bedeutung des Ateliers im Klingental (Gasser 1984, S. 8). Die Bildhauerin unterrichtete von 1966 bis 1993 Raumgestaltung an der Kunstgewerbeschule, der heutigen Schule für Gestaltung.

Anfänge in Belo Horizonte, Brasilien. Mary Vieira wurde am 30. Juli 1927 in São Paulo geboren und wuchs in Belo Horizonte auf, einer der grössten Städte Brasiliens. Zunächst studierte sie Pädagogik, ab 1944 begann Vieira, an der vom Künstler Alberto da Veiga Guignard gegründeten Guignard University of Art von Minas Gerais Kunst zu studie-

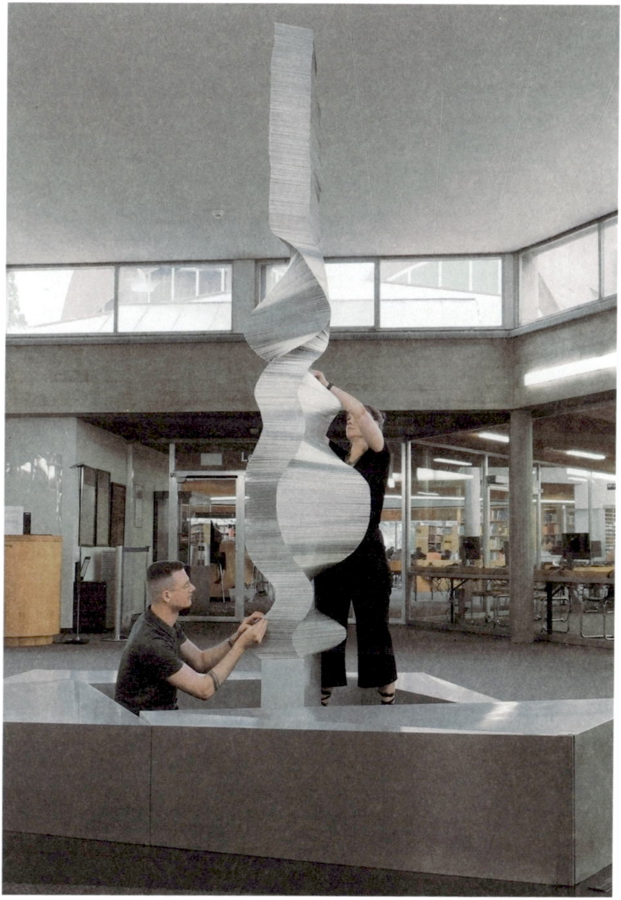

Mary Vieira, ‹Polyvolume: itinéraire hexagonal métatriangulaire, à communication tactile›, 1966–1968. Anodisiertes Aluminium, 350 × 400 × 400 cm. Universitätsbibliothek Basel, Eigentum: Kanton Basel-Stadt

ren. In Belo Horizonte erhielt die Bildhauerin nicht nur ihre künstlerische Ausbildung, sondern erlebte die Entwicklung der modernen brasilianischen Architektur. Oscar Niemeyer etwa, der in den 1950er-Jahren mit seinen Bauten für Brasilia Weltruhm erlangen sollte, konstruierte in den 1940er-Jahren in Belo Horizonte atemberaubende Meisterwerke aus Stahlbeton, die durch fliessende, wellenartige Konturen und Dachlinien charakterisiert sind und die vermutlich auch Mary Vieira inspirierten. 1953 erhielt Vieira auf der 2. Biennale von São Paulo den Preis für Brasilianische Skulptur.

Max Bill, ein Massstab. Nachdem Vieira 1951 im Museu de Arte de São Paulo eine Ausstellung von Max Bill besucht und sich intensiv mit den Arbeiten des Schweizer Künstlers und Designers auseinandergesetzt hatte, brach die 25-jährige Künstlerin auf der Suche nach neuen Formen nach Europa auf. Sie reiste nach Basel und Mailand und studierte zunächst 1953 und 1954 in Ulm an der Hochschule für Gestaltung, die der ehemalige Bauhaus-Schüler Max Bill mitbegründet hatte und leitete. Die Werke Max Bills dienten ihr als Gradmesser. So erklärte die Künstlerin: «An Max Bill und seiner Arbeit fand ich den gesuchten Massstab. Seine Haltung der künstlerischen Arbeit gegenüber wurde mir Vorbild in jeder Beziehung. Ich lernte bei ihm, mein suchendes Schaffen in ein klares Verhältnis zur Umwelt und zu mir selbst zu setzen.» (Brasilien baut 1954, S. 19) Neben dem Minimalismus von Bill griff Vieira Ideen des italienischen Futurismus auf, der die Darstellung von Bewegung und Geschwindigkeit ins Zentrum gerückt hatte. Nachdem Vieira 1957 den italienischen Dichter und Kunstkritiker Carlo Belloli (1922–2003) geheiratet hatte, lebte sie in der Schweiz, Italien und Brasilien. Trotz anfänglicher ‹sprachlicher Formulierungsschwierigkeiten›, die einer Korrespondenz zwischen dem Hochbauamt und dem Architekten um den Auftrag zur Skulptur für die Universitätsbibliothek zu entnehmen sind, scheint sich Mary Vieira in Basel schnell eingelebt zu haben. «Hier fühle ich mich in einem geistigen Milieu, in dem meine komplexen Forschungen und Ideen anerkannt und geschätzt werden», sagte sie, und rückblickend: «So entsprangen meine ersten Basler Freundschaften direkt meiner Arbeit, und sie entwickelten sich rund um meine Bildhauerei.» (Gasser 1984, S. 160)

Unendliche Möglichkeiten. Vieira arbeitete international, schuf Skulpturen in Basel und Reinach, im Park am Zürcher Seefeldquai, in Leverkusen sowie im Ibirapuera-Park in São Paulo. Ihre beweglichen Skulpturen reichen von einem halben Meter Höhe bis zu übermannshohen Arbeiten. Vieiras Werk sowie die kinetischen Arbeiten anderer Künstler wie Jean Tinguely oder, bereits früher, Alexander Calder demonstrieren, wie Künstlerinnen und Künstler in der Zeit nach dem Zweiten Weltkrieg nach einem neuartigen Ausdruck suchten. Vieiras Werke sind als ‹Mono-, Multi-, Poly- oder Intervolumes› in die Kunstgeschichte eingegangen, sie befinden sich ebenso wie ihre grafischen Arbeiten in zahlreichen Sammlungen wie dem Kunstmuseum Basel, dem Museum für Gestaltung in Zürich, dem Museum of Modern Art in New York oder dem Museu de Arte Moderna in Rio de Janeiro. Das in der Basler Universitätsbibliothek bereits erprobte Konzept eines Polyvolumes für einen öffentlichen Raum setzte Vieira 1969 monumental mit dem ‹Ponto de Encontro› für den Palácio Itamaraty in Brasilia fort, dem von Oscar Niemeyer errichteten Aussenministerium. Vieira sagte, dass sie mit den Polyvolumes etwas zur Verfügung stelle, was die Politik auch tun solle: Sie biete für alle die gleiche Möglichkeit zur Teilhabe. Im Denk- und Wissensraum der Universitätsbibliothek Basel lädt sie dazu ein, mit einfachen Drehbewegungen Ungewohntes auszuprobieren. Im besten Fall schärft sie damit die Sinne, auch gedanklich nach verschiedensten Möglichkeiten Ausschau zu halten.

↘ Archivmaterial zu Mary Vieira im Hochbauamt Basel-Stadt.
↘ Brasilien baut: Moderne brasilianische Architektur. Neue brasilianische Graphik. Plastiken von Mary Vieira, Ausst.-Kat. Kunstgewerbemuseum Zürich in Zusammenarbeit mit dem Service des relations culturelles de la Légation du Brésil à Berne, Zürich 1954.
↘ Gasser, Bruno: 40 Basler Künstler im Gespräch: 20 Jahre Ateliergenossenschaft Basel, Basel 1984.
↘ Hartsuyker, Enrico: Urbane Plastiken: zum Schaffen von Mary Vieira, in: Das Werk: Architektur und Kunst, Bd. 55 (1968), Heft 10, S. 669–673.
↘ Spielobjekte. Die Kunst der Möglichkeiten, Ausst.-Kat. Museum Tinguely 2014, Basel, 3 Bde., Heidelberg 2014.
↘ Valle, Luísa: Mary Vieira's Polyvolume: Meeting Point, 1960–1970: Twisting the modernist curve, in: Bessa, Antonio Sergio (Hg.): Form and feeling: The making of concretism in Brazil, New York, 2021, S. 89–102.

Das Geheimnis der Linien

Silvia Bächli, ohne Titel, 2009

Silvia Bächli erkundet mit ihrer grossformartigen Zeichnung, wie sich Linien berühren. In der Swiss Foundation for Young Musicians entwickeln sich überraschende Symbiosen zwischen Zeichnung und Musik.

Wer die Melodielinie eines Klaviers hörend mit seinem Blick den Konzertraum der Swiss Foundation for Young Musicians erforscht und mit den Augen auf Silvia Bächlis grosser Gouachezeichnung ruhen bleibt, für den verwandeln sich die monochromen Pinselstriche vielleicht in eine Klaviatur, in die Saiten einer Harfe oder in eine Notation.

Allerdings liess sich die 1956 geborene Künstlerin nicht von den Koloraturen einer Klavierstimme leiten, als sie den Pinsel vierzig Mal durchgehend vom oberen Rand bis über die Mitte des Blattes zog, sodass sich die Linien wie bei einer Tausend-Schichten-Torte oder einem Vorhang aneinanderschmiegen. Da die wasserlösliche, deckende Gouachefarbe hier eine sehr flüssige Konsistenz aufweist, liegt das Papier zum Arbeiten auf dem Atelierboden. Jede Spur gleitet in weicher Bewegung abwärts und läuft mit individueller Länge unterhalb der Blattmitte aus: Jede ist eine Bewegung für sich und eine Erkundung ins offene Weiss. Gelingt es, jedem fliessenden Band nachzugehen? Überlappungen zeigen sich als Schatten und damit als Raum, winzige Abstände öffnen diesen geheimnisvollen Vorhang, Gabelungen am unteren Rand führen eine leise Dynamik ein.

Island 2008. Silvia Bächli verbrachte im Frühjahr 2008 vier Monate in der kleinen isländischen Stadt Seyðisfjörður an der Ostküste des Landes. Es lag so viel Schnee, dass der Ort manchmal vom Verkehr abgeschnitten war. Am Himmel flirrten die Nordlichter, und von den Dächern der Häuser hingen Eiszapfen. Diese regten die Künstlerin an, die vertikal gefrorenen Bewegungen in Zeichnungen zu überführen. So entstand eine Serie von Zeichnungen mit dicht aneinandergereihten Linien, welche vom oberen Blattrand über die Bildmitte hinausführen. Wie auf diesem Werk lebt bei Bächli der freie, unbemalte Bildraum, wo die Linien nur eine kleine Fläche des Papiers einnehmen.

Das Leben der Linien. Linien sind für Bächli wie Lebewesen, wie sie erklärt: «Jede Linie muss ge-

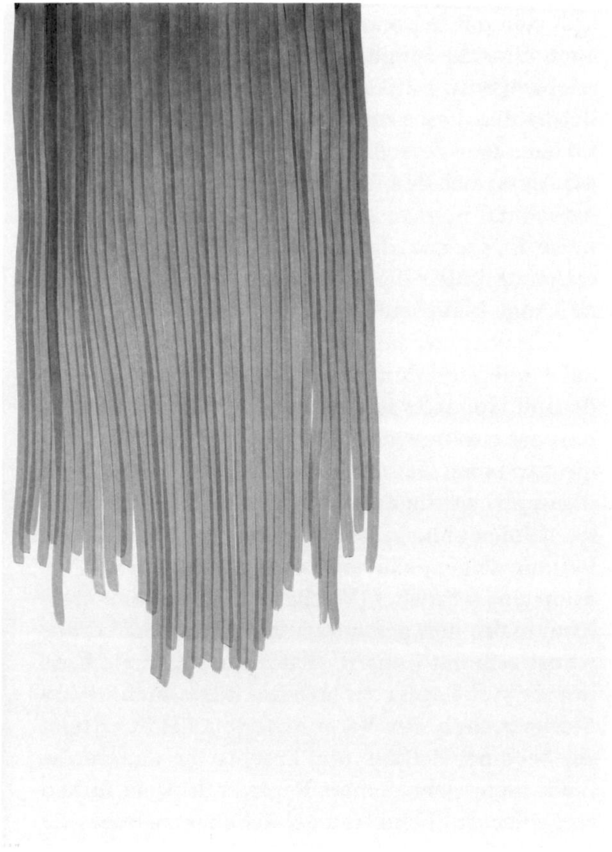

Silvia Bächli, ohne Titel, 2009.
Gouache auf Papier, 200 × 150 cm.
Privatbesitz, ausgestellt in der
Swiss Foundation for Young
Musicians, Basel

füllt sein mit Präsenz, wie eine gute Tänzerin, die auch über die Fingerspitzen hinaus in den Raum reicht.» (Bitterli 2012, S. 13) Allerdings wächst beim Betrachten dieses Blatts auch ein Widerstand: Alle Linien folgen derselben Richtung, keine schert aus, jede passt sich dem Verlauf der vorherigen an. Nur manchmal wagt es eine der Linien, wie beispielsweise die sechste, die neben ihr liegenden zu übermalen und über die durch die anderen vorgegebene Länge hinauszuweisen.

Seit über vier Jahrzehnten arbeitet Silvia Bächli auf Papier, auf dem sie mit Tinte, Tusche, Ölkreide und Gouache in den 1980er- und 1990er-Jahren zunächst figürlich zeichnete. «Eine einfache Linie kann eine Geschichte erzählen», erläutert sie, weswegen sie die Zeichnung als ihr Medium wählte. «Linien können jede Färbung annehmen, jede Regung zeigen – sie sind meine Schauspieler, die Stimmen im Stück.» (Vischer 2019, S. 89) Schon als Kind malte und gestaltete die in Baden geborene Künstlerin mit Papier. «Ich hatte schon als Kind immer viel Papier zu Hause», sagt Bächli beim Atelierbesuch. Ihr Vater arbeitete als Schriftsetzer bei einer Zeitung und brachte ihr stapelweise nicht mehr gebrauchtes Papier mit. Dem Industriepapier ist Bächli treu geblieben, inzwischen liefert ein Lkw einmal jährlich zu ihrem Basler Atelier zwei Paletten Buchdruckpapier.

Bächli war zwanzig, als sie nach Basel zog, um an der Schule für Gestaltung eine Ausbildung zur Zeichenlehrerin zu absolvieren. Parallel studierte sie von 1977 bis 1978 an der École Supérieure d'Art Visuel in Genf. Neben den Zeichnungen auf Papier arbeitet die Künstlerin fotografisch und fertigt Skulpturen aus Gipsbruchstücken, die sie verschiedenfarbig bemalt. Die frühen figürlich-abstrakten Arbeiten zeigen fragmentarische Teile von Körpern wie Arme, Füsse, Rümpfe oder auch Frauenfiguren und Alltagsobjekte. Heute gilt Silvia Bächli als die bedeutendste Zeichnerin der Schweiz. Im Jahr 2003 gewann sie den Prix Meret Oppenheim des Bundesamtes für Kultur. 2009 präsentierte sie im Schweizer Pavillon an der 53. Biennale di Venezia ihr Werk. Von 1992 bis 2016 unterrichtete Bächli als Professorin an der Staatlichen Akademie der Bildenden Künste Karlsruhe.

‹Ensembles›. Silvia Bächli untersucht, mustert und befragt die Vielzahl ihrer zügig gezeichneten Blätter an der Wand und definiert erst als gültige Arbeit, was ihrem Blick über mehrere Tage standhält. Wenn die Künstlerin Ausstellungen vorbereitet, ordnet sie die einzelnen Zeichnungen mit Akribie an den Wänden eines Saales zu ‹Ensembles›, wie Bächli ihre Anordnungen benennt. In ihrem Atelier feilt sie mit Modellen von Ausstellungsräumen an der präzisen Auslegeordnung, für die sie sich länger Zeit nimmt als für das Zeichnen an sich. Denn die einzelnen Zeichnungen verlebendigen sich im Zusammenspiel. Wie sich die Gitter, Linien und Raster gedanklich im Raum fortführen lassen, ist eine Leitfrage der Künstlerin beim Positionieren ihrer Werke im Raum.

Gelegenheit, das unbetitelte Bild Bächlis aus dem Jahr 2009 in der Swiss Foundation for Young Musicians (Spalenvorstadt 25) zu betrachten, bieten die dort regelmässig stattfindenden Konzerte junger Musiker:innen mit Musik aus dem 20. Jahrhundert und der Gegenwart: In was verwandeln sich die vierzig Linien, wenn etwa beim ‹Trio (Tre quadri)› von Sándor Veress ein expressiv-melancholisches Stimmengeflecht von Klavier, Violine und Violoncello ertönt, bei dem in wechselndem Rhythmus und Tempo Tonbilder erklingen und auf den Instrumenten gestrichen, gezupft und sogar geklopft wird?

↘ Gespräch der Autorin mit Silvia Bächli, 16.05.2023.
↘ Bitterli, Konrad (Hg.): Silvia Bächli: Far apart – close together, Ausst.-Kat. Kunstmuseum St. Gallen 2012, Nürnberg 2012.
↘ Bundesamt für Kultur (Hg.): Silvia Bächli – das, Publikation anlässlich der Ausstellung im Schweizer Pavillon anlässlich der 53. Internationalen Kunstbiennale in Venedig, 07.06.–22.11.2009, Baden 2009.
↘ Stegmann, Markus: Silvia Bächli, Museum Langmatt, Baden, Ausst.-Kat. 2023, Berlin 2023.
↘ Vischer, Theodora (Hg.): Resonating Spaces. 5 Annäherungen: Leonor Antunes, Silvia Bächli, Toba Khedoori, Susan Philipsz, Rachel Whiteread, Ausst.-Kat. Fondation Beyeler 2019/2020, Riehen, Berlin 2019.

Eine Basler Stimme des abstrakten Expressionismus

Lenz Klotz, ‹Heuel›, 1958

Lenz Klotz verleiht der Linie ein Eigenleben und entwickelt sie zum Schlüsselelement seiner Gemälde. Er gilt als einer der innovativsten Künstler der Nachkriegszeit in Basel.

Was ist ein ‹Heuel›, mag sich die eine oder der andere fragen. Auf dem Gemälde von Lenz Klotz (1925–2017) im Kunstmuseum Basel stellt es sich als Gewirr aus Linien dar, die sich in der Mitte zu einer dunklen, nach aussen lichteren Wolke verdichten. Wie Drahtfäden, die sich an beiden Enden nach unten biegen, scheinen die schwarzen Linien im Raum zu hängen. Klotz kontrastiert die schwarzen Akzente mit einer grauen Grundierung, die bei längerem Hinsehen zusehend Nuancen zu erkennen gibt.

Die Linie befreien. Die Linie gilt Lenz Klotz als wichtigstes Gestaltungsmittel. «Eine Linie ist für mich eine Energie, die sich abbildet, von dem, der sie gezogen hat», erklärte Lenz Klotz 1995 in einem Interview. Es waren die schwarzen, grauen, feinen roten Linien und gelben Farbspuren, die der Künstler energisch auf die Leinwand strich, ja warf, bevor er nach Fertigstellung dem Bild den Titel ‹Heuel› gab – was im Dialekt so viel heisst wie zerzaustes Haar oder ungepflegte Frisur.

Anfang der 1950er-Jahre begann der 1925 in Chur geborene Klotz abstrakt zu arbeiten. «Es ging darum, die Linie zu befreien, so dass sie nicht mehr etwas Bestimmtes bedeutet, einen Topf umreisst, eine Tanne oder irgendetwas darstellt, sondern dass die Linie ihr freies Eigenleben führt und auf nichts anderes hinweist als auf sich selber. ... Es war natürlich ein Wagnis», erklärte Klotz rückblickend (Schmidt/Kudielka 1995, S. 12).

Von Graubünden nach Basel. Zunächst hatte Lenz Klotz von 1945 bis 1950 an der Kunstgewerbeschule Basel eine Ausbildung zum Zeichenlehrer absolviert bei Heinrich Müller (1885–1960) und Walter Bodmer (1903–1973). Bodmer brachte ihn in Berührung mit Arbeiten des jung verstorbenen Basler Künstlers Walter Kurt Wiemken (1907–1940), dessen Werk ihn genauso anregte wie jenes von Bodmer selbst. «Ich hatte in Walter Bodmer einen hervorragenden Lehrer, der mir sehr zusagte, mich fördern konnte. Er arbeitete keineswegs mit uns ungegenständlich, vielmehr betrieb er sehr präzi-

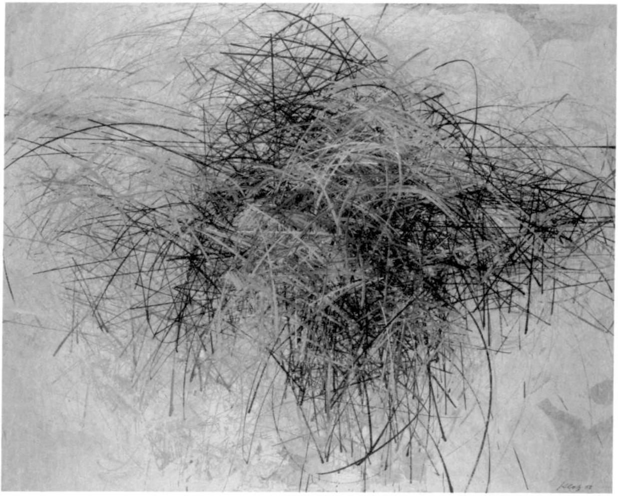

Öl auf Leinwand, 100 × 130 cm.
Kunstmuseum Basel

se Naturstudien. Er trennte seine persönlichen Arbeiten absolut vom Lehrprogramm.» (Schmidt/Kudielka 1995, S. 9) Bodmers Drahtreliefs sind nicht weit: ‹Heuel› wirkt wie ein dreidimensionales, sich in den Raum stülpendes Drahtgeflecht. Ebenfalls als prägend erwies sich für Klotz die Aufgabe, 1950/51 den grafischen Nachlass Ernst Ludwig Kirchners im Kunstmuseum Basel zu ordnen.

An den Anfängen des abstrakten Expressionismus. Auch die Diskussion der kunsttheoretischen Schriften der damals unlängst verstorbenen Künstler Paul Klee und Wassily Kandinsky beschreibt Klotz als wegweisend für sein Schaffen, doch mehr noch inspirierten den Schweizer Künstler die Arbeiten des abstrakten Expressionismus. Die Vertreter:innen dieser neuen Kunstrichtung aus den USA grenzten sich nach 1945 radikal von der europäischen Kunst des frühen 20. Jahrhunderts ab, indem sie zumeist grossformatig das Malen selbst als Teil der Bilderzählung sichtbar werden liessen. Farbe, Form und Struktur wurden die Parameter, um existenzielle Fragen zu verhandeln. Die Kunsthalle Bern hatte 1955 mit Jackson Pollock (1912–1956) und Cy Twombly (1928–2011) erstmals namhafte Künstler dieser Richtung in der Schweiz präsentiert. Für das Werk von Lenz Klotz gelten diese Maler als Referenzpunkte, er behält den abstrakt-expressiven Stil Zeit seines Lebens bei. Während er anfangs das dichte Liniengeflecht ohne viel Farbe einsetzte wie hier bei ‹Heuel›, tritt es später zugunsten kontrollierterer Setzungen aus einzelnen Strichen zurück. Ab den 1970er-Jahren entwickelt sich die Farbe bei Klotz zum zentralen Element, die Linien werden geordneter. Von 1951 bis 1988 lehrte Klotz an der Kunstgewerbeschule Basel. «Ich muss sagen, dass ich das nie als Brotberuf verachtete. Es bereitete mir immer Freude zu vermitteln, was ich wusste», äusserte sich Klotz später (Schmidt/Kudielka 1995, S. 11). Im Gebäude seines Arbeitsortes an der Spalenvorstadt befand sich im Dachgeschoss auch sein Atelier. Wenige Gehminuten entfernt entwickelte der Künstler 1975 für das Dach des Kantonsspitals am Petersgraben, das heutige Universitätsspital, eine flache Betonplastik, die vom höher liegenden Bettenhaus besehen werden konnte. Dabei nutzte Klotz das 3200 m^2 grosse Flachdach wie eine Leinwand und breitete darauf malerisch Weisszementplatten aus.

Betrachtende und Bild. Lenz Klotz knüpft an den abstrakten Expressionismus genauso an wie an den französischen, zuweilen kalligrafisch geprägten Tachismus, allerdings in einem kleineren Format. Für die 1950er- und frühen 1960er-Jahre erfindet er damit eine poetisch-energische Ausdrucksweise, die ihn für diese Zeit in der Basler Kunst heraushebt. Energiesprühend und zart, virtuos und vielschichtig überleben die Liniengemälde die Schaffens- und Lebenszeit des 2017 verstorbenen Künstlers. Sie verlangen ein genaues Hinsehen, damit sich die malerisch eingefangenen Emotionen, Rhythmen und Klänge entfalten. Was fällt Ihnen spontan ein, wenn Sie ‹Heuel› anschauen? Wie klingt das Bild in Ihren Augen? Wie hat der Künstler die Linien aufgetragen und wie viele Grautöne gibt es im Grund? Wenn nicht ‹Heuel›, wie hiesse das Bild dann? Wohin sprüht seine Energie? Und wozu macht es uns Mut?

↘ Galerie Carzaniga (Hg.): Lenz Klotz, Text: Beat Stutzer, Basel 2010.
↘ Schmidt, Katharina / Kudielka, Susanne: Lenz Klotz. Malerei und Zeichnung 1952–1962, Kunstmuseum Basel, Basel 1995.
↘ SRF: Interview in der Sendung ‹NeXt› am 19.03.1995 anlässlich des 70. Geburtstags von Lenz Klotz, https://www.srf.ch/play/tv/next/video/lenz-klotz?urn=urn:srf:video:96b14f4a-0c58-4cc4-ab27-f05dcc3d1745, abgerufen am 07.08.2023.
↘ Stutzer, Beat (Hg.): Die heroischen Jahre. Lenz Klotz und Matias Spescha, Ausst.-Kat. Bündner Kunstmuseum 2011, Chur 2011.

Gespenstische Akkorde

Walter Kurt Wiemken, ‹Das Leben›, 1935

Walter Kurt Wiemken (1907–1940) schildert das menschliche Dasein als Verkettung unerklärlicher Ereignisse und bedrohlicher Zeichen. Damit reagierte der Maler auch auf die politische Situation in Europa Mitte der 1930er-Jahre.

«Die Hölle ist die Erde, das mit einer überlegenen Klugheit gebaute Gefängnis, wo ich nicht einen Schritt tun kann, ohne das Glück der anderen zu verletzen, und wo die anderen nicht glücklich werden können, ohne mir Böses zuzufügen.» Was August Strindberg in seinem Roman ‹Inferno› (1897) formulierte, könnte als Leitspruch dienen für Walter Kurt Wiemkens Gemälde: Fremdbestimmt erscheint ‹Das Leben› (1935), der Tod bleibt überall nah. Wiemken gestaltete das Hineingeworfensein in den unwägbaren Lauf des Lebens mit einer leichtfüssigen Bildsprache. Die comicartigen Binnenerzählungen geben zunächst das Bild eines filigranen Zusammenspiels und heiterer Akrobatik, bevor das bizarre Schauspiel auf den zweiten Blick seinen verstörenden Gehalt preisgibt.

Die Welt als Leichenhaus. Wie ein gemalter Akkord klirrt das Ausgeliefertsein durch den Bildraum. Wiemkens Bild zeigt einen Ort voller befremdlicher Ereignisse, die dem Menschen zwischen Wiege und Sarg widerfahren. Auf einem breiten, hellgrünen Bildstreifen stellt er im unteren Feld zwei Szenen gegenüber: Links ist ein Mann mit Orden, Schärpe und roter Militärjacke und ein anderer im schwarzen Anzug neben zwei elegant gekleideten Frauen aufgereiht. Eine Kanone, ein Gräberfeld und ein schwarzer Leichnam vor diesen Mächtigen lassen die Folgen ihres Handelns erkennen. Zu den Füssen eines Harlekins oder Clowns sowie dreier nackter Menschen liegt rechts unter Bäumen eine weisse Figur, vermutlich ein Leichnam. Am Ende seiner Liege oder seines Wiesenstücks tanzen Ameisen, ein toter Vogel hat seine gelben Flügel zur Herzform geschlossen. Auf Kopfhöhe verbunden sind die beiden Gruppen durch einen gefällten, fast kahlen Baum, auf dem eine hand- und fusslose schwarze Figur mit einem Totenkopf Platz genommen hat; die Person hinter ihr scheint auf eine hölzerne Prothese gestützt. In einer Kutsche ohne Pferd kommt eine Frau zu den Kriegsopfern herangefahren, möglicherweise eine Braut.

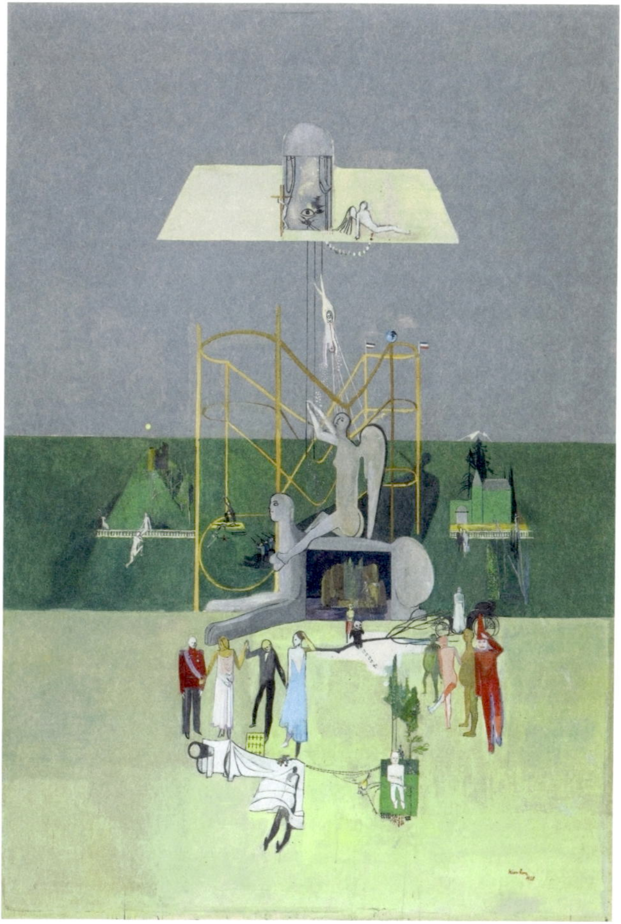

Walter Kurt Wiemken,
‹Das Leben›, 1935.
Öl auf Leinwand, 180 × 125 cm.
Kunstmuseum Basel

Das Leben, eine Achterbahn. Zwischen der unteren und der mittleren, dunkelgrünen Bildebene lagert eine grosse, graue Sphinx – Reittier eines Engels –, die in ihrem Rumpf eine Nachbildung der Böcklin'schen ‹Toteninsel› trägt. Der Mythologie zufolge verschlingt die Sphinx alle Vorbeiziehenden, die ihr Rätsel nicht lösen können. Auch auf der mittleren Ebene führt Wiemken in zwei Szenen die unten begonnene Gegenüberstellung fort. Links trifft sich an einer Balustrade ein Liebespaar bei Mondschein, ein Hirsch ist Zeuge. Rechts steht ein Paar mit Kind vor einer Villa oder Kirche; über dieser erheben sich Tannen und Berge. Zwischen den beiden Paaren ist in einem hellen Ockerton eine Achter- oder Kugelbahn aufgebaut. Endlich beschert uns Wiemken mit dieser Metapher einen heiteren Moment, führt mit den Anspielungen auf temporeiche Kurvenfahrten das Auf und Ab des Lebens ein. Wiemken setzt die Kugel der Welt ganz oben an einen Kipp- und Wendepunkt der Bahn, augenblicklich hält sie sich noch vor der Fahrt nach unten. Indes, der humorvolle Augenblick ist schnell passé, schon werden im untersten Bogen der Bahn schutzlos ausgelieferte Menschen erschossen.

Böcklin als Ausgangspunkt. Im Werk ‹Das Leben› nimmt Wiemken mehrfach auf Arnold Böcklin (1827–1901) Bezug, dessen Werke dem jungen Maler in Basel an vielen Orten begegnet waren. So hat Wiemken in den Körper der Sphinx eine Nachzeichnung der berühmten ‹Toteninsel› (Erste Fassung 1880, Kunstmuseum Basel) montiert. Böcklins

Deutung des Fährmanns Charon aus der griechischen Mythologie war Anlass für eine nächtliche Landschaft mit einer von Zypressen gesäumten Insel, deren schwarze Höhlen als ewige Bleibe auf die Toten warten. Wiemken hat seine eigene Variation der ‹Toteninsel› entwickelt: Statt des Rudermanns im Boot positionierte er ein Skelett auf der Insel, das mit Schlingen an langen Fäden aus dem Totenreich nach den Lebenden greift. ‹Das Leben› bezieht sich in der gesamten Anlage auf eine Kompositionsidee Böcklins. Die Dreigliederung und das Hochformat verwendete Böcklin zur Darstellung der drei Lebensalter im Gemälde ‹Vita somnium breve› (‹Das Leben ein kurzer Traum›, 1888, Kunstmuseum Basel).

Der weibliche Engel auf der Sphinx ist die einzige Figur, die einen Schatten wirft und die zweite mit der grauen, dritten Bildebene verbindet. In deren himmlischer Sphäre schwebt eine helle, bühnenartige Fläche, mit noch einmal einem Bild im Bild am vorderen Rand. Zwischen einem Kruzifix und einer weiteren engelartigen Figur halten Hände Schnüre, an denen kopfüber eine Figur mit Fötus hängt, der wie Zügel wiederum Fäden in der Hand hält. Wo immer man hinschaut: Alles ist miteinander verstrickt.

Ein kurzes Leben. Walter Kurt Wiemken, 1907 in Basel geboren, war mit vier Monaten an der Kinderlähmung erkrankt und in der Folge sein Leben lang körperlich beeinträchtigt. Als Kind hatte er den Ersten Weltkrieg erlebt, die zerstörerischen

Schlachten in den südlichen Vogesen im Elsass waren in Basel zu sehen und zu hören. An der Basler Kunstgewerbeschule hatte Wiemken von 1923 bis 1927 gelernt, unter anderem bei Fritz Baumann (1886–1942). «Walo [Walter Kurt Wiemken, Anm. d. Autorin] war ein Genie, er wusste es», sagten seine Freunde über ihn, «aber wir wussten es noch viel besser.» (Christ 1971, S. 119) Zu den engsten Weggefährten zählten die Künstler Otto Abt (1903–1982) und Walter Bodmer (1903–1973), wie er Mitbegründer des Kollektivs, das sich als ‹Gruppe 33› von der Basler Sektion der Gesellschaft Schweizerischer Maler, Bildhauer und Architekten (GSMBA) absetzte. 1939 hatte die Öffentliche Kunstsammlung Basel sein Gemälde ‹Gewächshaus› angekauft; 1940 führte Wiemken das monumentale Treppenhausgemälde (230 × 430 cm) mit den drei Kleinbasler Ehrenzeichen ‹Leu›, ‹Wilder Maa› und ‹Vogel Gryff› für das Polizeidepartement im neu gebauten Spiegelhof aus. Walter Kurt Wiemken war 33-jährig, als er am 28. Dezember 1940 im Tessin zu einem Spaziergang aufbrach, von dem er nicht mehr zurückkehrte. Wochen später fand man seinen Leichnam eingefroren in einem Bachbett. Ob er infolge eines Unfalls oder aus eigenem Willen aus dem Leben schied, bleibt ungeklärt. Bis zu seinem frühen Tod hatte der Maler ein umfangreiches Œuvre aus Ölbildern, Tuschfederzeichnungen und Zeichnungen geschaffen.

Visionen einer surrealen Zeit. Wiemkens Bildsprache greift eine Zeitströmung auf, bei der seit dem Ende des 19. Jahrhunderts Schriftsteller:innen wie Ödon von Horvath, Knut Hamsun, August Strindberg, Gutti Alsen oder die surrealistische Künstlerin Toyen das Leben als finsteren, absurden Kampf schildern. Nicht nur mit dem Werk ‹Das Leben› findet der Basler Maler seine Darstellung für das «Leichenhaus Erde», wie es Strindberg in seiner ‹Gespenstersonate› ausdrückt. Ähnlich wie Francisco de Goya (1746–1828) in seinen ‹Desastres de la Guerra› filtert er die gewalttätige Verrohung seiner Zeit und kreiert abgründig rätselhafte Traumbilder. Die Fäden des Schicksals spielen den Menschen brutale Streiche, nachdem ihnen alle ethischen Werte verloren gegangen sind.

↘ Christ, Dorothea: Walter Kurt Wiemken, Lausanne 1971.
↘ Haldemann, Matthias: Walter Kurt Wiemken (1907–1941). Eine Retrospektive, Ausst.-Kat. Kunsthaus Zug 2002, Museo d'arte di Mendrisio 2003, Zug 2002.
↘ Hanhart, Rudolf: Walter Kurt Wiemken. Das gesamte Werk, Basel und München 1979.
↘ Strindberg, August: Inferno, Frankfurt am Main 1897.
↘ Walter Kurt Wiemken 1907–1941, Auswahl und Einführung von Georg Schmidt; Erinnerungen an Walter Kurt Wiemken von Walter Bodmer und Otto Abt; Œuvre-Katalog von Helene Sartorius und Claus Krieg, Basel 1942.

Musik im Bild

Walter Bodmer, ‹Drahtrelief›, um 1940

Mit seiner Plastik aus Eisendraht prägte Walter Bodmer die Basler Kunst seit den 1930er-Jahren entscheidend. Spielend finden seine Werke Anschluss an die europäische Moderne.

Ab 1936 gestaltete der Maler, Zeichner und Plastiker Walter Bodmer (1903–1973) seine charakteristischen Reliefs und Skulpturen aus Eisendraht. Über die Anfänge des abstrakten Arbeitens erklärte er rückblickend: «Bis 1933 habe ich Landschaften, Porträts und figürliche Kompositionen gemalt. Und dann habe ich gemerkt, wie ich mich immer mehr vom eigentlichen Kernproblem der Malerei entfernte. Dieses sehe ich darin, dass jedes Bild wirklich eine Neu-, eine Urschöpfung sein soll und nicht nur eine Nachschöpfung, die immer eine Anregung nötig hat, sei es die eines Gegenstandes, einer Landschaft oder eines hübschen Mädchens. Deshalb male ich seit 1933 ‹abstrakt› oder ‹konkret›.» (Bodmer 1985, S. 25) Neben der bildenden Kunst widmete sich Bodmer anfangs intensiv der Musik. Bis 1939 spielte der Künstler Saxophon in Basels beliebter Fred Many's Band, um sich mit Jazz den Lebensunterhalt zu finanzieren. Bodmer hatte die Musik von Kindesbeinen an erlebt, sein Vater arbeitete als Klavierbauer und -stimmer.

Rhythmen in Draht. Bodmers musikalische Gewandtheit offenbart sich auch in einem seiner frühen Drahtbilder im Kunstmuseum Basel. Aus dünnem Draht, Drahtstäben und Metallplättchen hat der Künstler eine abstrakte Zeichnung gebogen, gelötet und arrangiert. Wie ein erweiterter Notenschlüssel, eine um sich greifende Notation oder der Umriss einer Instrumentengruppe sind die Drahtelemente zu einer eigenwilligen dreidimensionalen Komposition geformt. Verschiedene Materialstärken bringen Bewegung ins fragile Konstrukt aus Saiten, Stegen, Ringen und Reusen. Das Hauptelement bildet mittig in der hinteren Ebene ein kreisförmiger Spiralbogen, über dem sich zwei Drahtstäbe kreuzen. Links wird der Halbkreis an zwei andere Bogen weitergegeben, während rechts oben mehrere Drahtstäbe aus der Mitte auskragen. Drei kreisrunde Blechplättchen setzen oben rechts einen Akzent, auch eine durchbrochene Dreiecksform und ein boomerangartiger Bogen markieren Flächen innerhalb einer linearen Blickführung.

Verspielt mischt Bodmer hier Plastik und Zeichnung, indem er die Linien von der Fläche löst und sie im Raum zueinander in Bezug setzt. Dabei artikuliert der Künstler, was ihn bewegt: «Mit Worten kann ich über meine eigene Arbeit nichts Wesentliches aussagen. Was ich fühle und empfinde, suche ich in meinen Bildern und plastischen Arbeiten sichtbar zu machen.» (Walter Bodmer 1985, S. 60) So habe die abstrakte Kunst gegenüber der Darstellung wiedererkennbarer Objekte einen geistigen Vorgang als Inhalt, erklärte Bodmer bei einem Vortrag.

Impulse der europäischen Moderne. Anregungen hatte der 1903 in Basel geborene Bodmer unter anderem in zukunftsweisenden Ausstellungen der Kunsthalle Basel gefunden. Diese präsentierte 1922 Edvard Munch, 1923 Ernst Ludwig Kirchner, 1933 Georges Braque und Marc Chagall. Von 1919 bis 1923 hatte sich Bodmer an der Allgemeinen Gewerbeschule zum Kunstmaler schulen lassen. Prägend war auch der Austausch mit seinen Freunden Walter Kurt Wiemken (1907–1940) und Otto Abt (1903–1982), mit denen er 1927/28 Paris und Frankreichs Südwesten bereiste. Als wegweisend erlebte Bodmer die Arbeiten der Künstlergruppe ‹Rot-Blau› um die Basler Expressionisten Hermann Scherer (1893–1927), Albert Müller (1897–1926) und Paul Camenisch (1893–1970). Nachdem die Gruppe auseinandergefallen war, gründete Bodmer mit Wiemken, Abt und zehn anderen Künstlern die Künstlervereinigung ‹Gruppe 33›. Im Kunsthaus Zürich

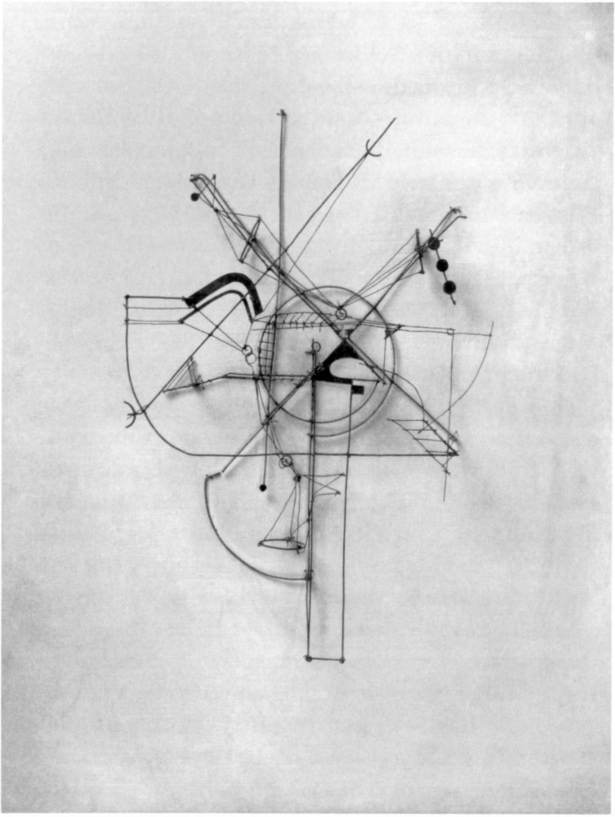

Walter Bodmer, ‹Drahtrelief›, um 1940.
Draht auf Holzplatte, 47 × 31 × 6,8 cm
(Relief), 70 × 55 cm (Holzplatte).
Kunstmuseum Basel

nahm Bodmer 1936 teil an der Ausstellung ‹Zeitprobleme in der Schweizer Malerei und Plastik›, einer Schau, aus der sich die Gruppe ‹Allianz› entwickelte, zu deren Vorstand Bodmer ab 1937 zählte. Die professionelle Arbeit als Jazzmusiker gab Bodmer auf, als er ab 1939 an der Gewerbeschule Basel zu unterrichten anfing. Bis 1968 vermittelte er Kopf- und Aktzeichnen sowie Anatomie; seinen bekanntesten Schülern Jean Tinguely (1925–1991) und Lenz Klotz (1925–2017) dürfte er Wesentliches mitgegeben haben.

Urzeitliche Skelette. Walter Bodmer vereinte viele Interessen. Schon als Zwölfjähriger hatte er an paläontologischen Jura-Exkursionen teilgenommen. Über viele Jahre legte er mit seiner Frau Margy Bodmer das versteinerte Skelett einer Seekuh (‹Halitherium›) im Jura frei, um es später dem Naturhistorischen Museum Basel zu übergeben. Die Entwicklung seiner Drahtplastiken lässt sich durchaus mit seinem Interesse am frühen Leben in Verbindung setzen: Bodmers schwere Metallreliefs haben ihre Ahnen in den Skeletten versteinerter Urtiere. Bodmers Plastiken und Entwürfe für öffentliche Bauten in Basel, wie das Relief am Bruderholz-Schulhaus, wurden häufig kontrovers diskutiert. 1956 würdigte ihn die Guggenheim Foundation mit dem ‹Guggenheim National Section Award for Switzerland›. Im selben Jahr führte er eine Wandskulptur für das Zollgebäude Otterbach (Basel) aus. Zwölf Jahre später erhielt Bodmer 1968 den Kunstpreis der Stadt Basel. Das Kunstmuseum Basel bewahrt mit dem Nachlass einen Grossteil seines Werkes auf, den es als Schenkung erhielt. Walter Bodmers Arbeiten, künstlerisch angesiedelt zwischen Alexander Calder und Alberto Giacometti, demonstrieren einen Basler Weg in die Moderne.

↘ Christ, Dorothea: Walter Bodmer, 12. August 1903 bis 3. Juni 1973, in: Basler Stadtbuch 1973, S. 209–218.
↘ Walter Bodmer, Ausst.-Kat. Kunsthalle Basel 1973, Texte von Dorothea Christ, Peter F. Althaus, Lenz Klotz, Basel 1973.
↘ Walter Bodmer. Maler und Plastiker 1903–1973. Zwischen Surrealismus und Konstruktion, Text: Walter Tschopp, Edition Galerie ‹zem Specht›, Band 7, Basel 1985.

Grösser, lauter, schneller

Jean Tinguely, ‹Grosse Méta-Maxi-Maxi-Utopia›, 1987

Jean Tinguely sprengte mit seinen kinetischen Maschinenskulpturen den Rahmen der Kunst. Für den venezianischen Palazzo Grassi verwandelte er ausrangierte Gussmodelle und Eisenschrott zu einem skulpturalen Treppenaufgang.

Wie ein behäbiger Riese wackelt und knarzt die ‹Grosse Méta-Maxi-Maxi-Utopia›, die einzige begehbare Museumsskulptur Jean Tinguelys (1925–1991). Der Schweizer Ausnahmekünstler des 20. Jahrhunderts hat mit vielen Konventionen in und ausserhalb der Kunst gebrochen. Die monumentale Super-Konstruktion besteht aus farbigen, runden Gussmodellen sowie Treppen und Leitern, die Tinguely mit Dekorationselementen schmückte: Ein einrädriges Motorrad fährt wie am Zeiger einer Uhr im Kreis durch die Luft, ein Gartenzwerg rührt kopfüber mit seiner roten Zipfelmütze im Wasser, ein samtener Theatervorhang schlägt wie der lahme Flügel eines Vogels vor einem weissen Karussellpferd. Eine runde Riesenbürste, vielleicht aus einer Waschanlage, ragt an einer Seite empor, Blumenkästen mit Kunstgeranien bekrönen das Schrottmonstrum. Auch eine Vase der Schweizer Keramikerin Ursi Luginbühl und ein Pissoir – Verweis auf Marcel Duchamps legendäres Readymade von 1917 – ergänzen das mechanische Ungetüm.

Schrott für Venedig. Mit dem nachgebildeten Bugstück einer Gondel und einem gerahmten Foto vom Markusplatz hat Tinguely zwei Verweise auf den ursprünglichen Standort dieser Riesenskulptur eingebaut. 1987 für seine Retrospektive in Venedig konstruiert, installierte er sie im Eingangsbereich des Palazzo Grassi. Die übergrossen Räder und Treppen gelangten auf Booten über den Canale Grande an die noble Adresse, wo die Konstruktion die Besuchenden aus der Eingangshalle in den ersten Stock des Palazzo leiten sollte. Allerdings befanden die Verantwortlichen das Werk als instabil, sodass es nicht betreten werden durfte.

Rot und Blau. Die meisten Maschinenteile stammen aus einer stillgelegten Werkshalle der Von Roll AG in Klus (Balsthal), wo Tinguely und sein Assistent, der Schlosser Josef Imhof (geb. 1943), gute Bedingungen fanden, die ‹Grosse Méta-Maxi-Maxi-Utopia› zusammenzubauen. Deren zentra-

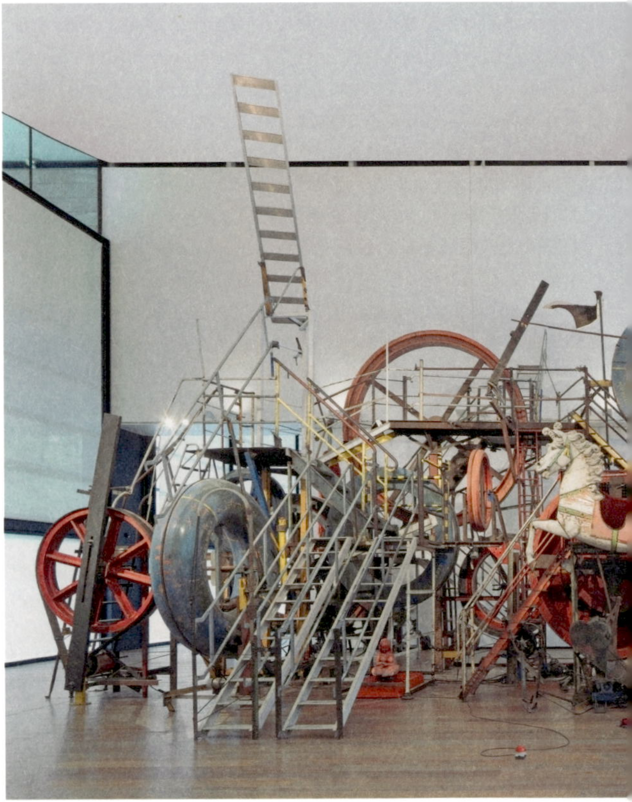

Jean Tinguely, ‹Grosse Méta-Maxi-Maxi-Utopia›, 1987.
Eisenteile, Holzräder, Aluminiumtreppen, Vorhang, Karussellpferd, Tonvase von Ursi Luginbühl, Plastikblumen, Gartenzwerg, Elektromotoren, Mädchenfigur aus Terrakotta, 810 × 1673 × 887 cm.
Museum Tinguely, Basel

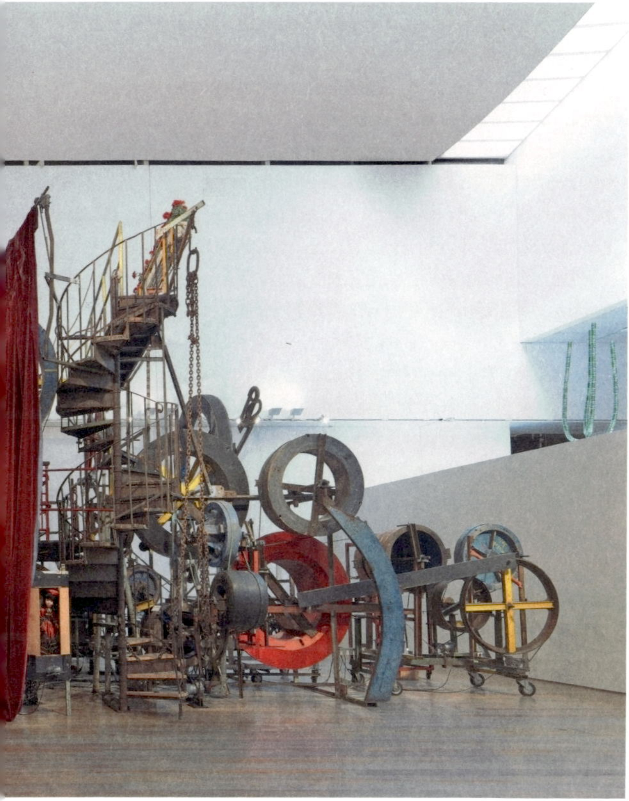

les Element bilden die gewaltigen, farbigen Räder. Mehr als vierzig ausrangierte Metallgussmodelle der Firma Von Roll AG haben Tinguely und Imhof verbaut. Einige messen über vier Meter im Durchmesser, das grosse, rote Holzrad wiegt allein ungefähr 600 Kilogramm. Dabei hat Tinguely die Farbigkeit der roten, blauen und dunkeltonigen Räder so ausbalanciert, dass die Konstruktion organisch wirkt. Inzwischen befindet sich Tinguelys grösste Indoor-Skulptur wie die Mehrheit seiner Werke im Museum Tinguely in Basel, welches Hoffmann-La Roche zu ihrem 100. Firmengeburtstag 1996 Basel zum Geschenk machte. Niki de Saint Phalle (1930–2002), Tinguelys Arbeitspartnerin und zweite Ehefrau, schenkte dem Museum den Hauptteil der heutigen Sammlung.

Schaufenster für Ramstein Optik und Kost Sport. Jean Tinguely verbrachte seine Kindheit und Jugend in Basel. Der 1925 geborene Künstler wuchs an der Dornacherstrasse sowie am Winkelriedplatz im Gundeldingerquartier auf. Als Zwölfjähriger, so erzählte er es verschiedentlich, habe er Wassermühlen – wahrscheinlich in den Bächen des Bruderholzes – gebaut. In den 1950er-Jahren folgten von kleinen Elektromotoren angetriebene ‹Gebetsmühlen› aus Draht. Sie bilden den Übergang von den Drahtreliefs zu Tinguelys meta-mechanischen Skulpturen, die abstrakte Bilder in Bewegung versetzen.

Nach der Schule nahm der Künstler eine Ausbildung zum Dekorateur beim Warenhaus Globus auf, welches ihn jedoch fristlos entliess: Er habe das Dekorationsmaterial fahrlässig beschädigt und mache ständig Dummheiten, heisst es in einem Brief an den Vater. Tinguely schloss die Lehre beim privaten Dekorateur Joos Hutter ab, um ab 1944 selbstständig zu arbeiten. Aufsehen erregten seine elegant-dynamischen Schaufensterdekorationen aus Draht, etwa für Kost Sport, die Buchhandlung Tanner und Ramstein Optik. An der kunstgewerblichen Abteilung der Basler Kunstgewerbeschule, wo Tinguely mit der Künstlerin Eva Aeppli (1925–2015) seine erste Frau kennenlernte, waren unter anderem Walter Bodmer und die Malerin Julia Ris seine Lehrkräfte. Walter Bodmers filigrane Drahtskulpturen machen sich in Tinguelys frühen Arbeiten bemerkbar. Der junge Künstler befreite sich jedoch bis in die frühen 1960er-Jahre aus dem kleinen Format, liess seine Plastiken zu rasselnden Riesen anwachsen und lud sie durch Motoren mit neuem Leben auf – anspielungsreich und poetisch entlädt seine kinetische Skulptur ihren tiefgründigen Humor.

Mit dem Kamel zur Brunneneinweihung. Obwohl Tinguely 1952 mit Eva Aeppli nach Paris gezogen war und sich mit Niki de Saint Phalle später bei Paris sowie im freiburgischen Neyruz niederliess, blieb er Basel verbunden. Im Auftrag der Migros AG gestaltete er ab 1975 den ‹Fasnachtsbrunnen› auf dem Theatervorplatz, der am 14. Juni 1977 in Betrieb ging. Der einst entlassene Lehrling blieb sich treu: Zur Einweihung des Brunnens ritt Tinguely auf einem Kamel an und liess die regierungsrätlichen Ehrengäste mit Wasser aus den wackelnden Brunnenfiguren bespritzen. Als Mitglied der ‹Kuttlebutzer›-Clique hatte der Fasnächtler Jean Tinguely aus einem Sarg inkognito Raketen, Räppli, Federn und Rauchbomben in die Luft gesprengt, um dem Fasnachts-Comité einen Schreck einzujagen. Und als der mittlerweile zu einem Schweizer Volkshelden avancierte Künstler 1991 unerwartet an einem Herzinfarkt verstarb, geriet unter Einbezug seiner Basler Clique auch Tinguelys Beisetzung in seiner Geburtsstadt Fribourg zum unkonventionellen Totenzug.

Grundtatsachen des Lebens. Als Vorläufer der ‹Grossen Méta-Maxi-Maxi-Utopia› gilt der mehr als 300 Tonnen schwere ‹Cyclop›, ein begehbarer, über 22 Meter hoher Riesenkopf, den Tinguely ab 1969 als Gemeinschaftsprojekt mit Künstlerfreund Bernhard Luginbühl, Niki de Saint Phalle, Per Olof Ultvedt und anderen im Wald von Milly-la-Forêt bei Fontainebleau konstruiert hatte. Tinguely sprengte mit seiner Fantasie, seiner Energie und seinem Durchsetzungswillen das Format jeder bisherigen Museumskunst. «Tinguely macht mit seinen Maschinenplastiken Grundtatsachen des Lebens schau- und hörbar», erklärte der Kunsthistoriker Willy Rotzler (Bischofberger 1990, S. 14). In einem Fernsehinterview sagte Tinguely, der sich selbst als Poet und nicht als Techniker bezeichnete, über die ‹Grosse Méta-Maxi-Maxi-Utopia›: «... doch was ist es denn nun eigentlich? Ich möchte, dass jeder vergisst, dass er sich in einer Skulptur befindet, doch die Hauptsache ist dabei für mich, dass man Spass daran hat, dass der Besucher die anderen sieht, auf die er im Innern trifft. Das ganze ist eine Sache der richtigen Wegführung ...» (Hahnloser 1996, S. 216)

↘ Bischofberger, Christina (bearb.): Jean Tinguely. Werkkatalog Bd. 2, Skulpturen und Reliefs 1969–1985, Küsnacht/Zürich 1990.
↘ Hahnloser, Margrit (Hg.): Briefe von Jean Tinguely an Paul Sacher und gemeinsame Freunde = Letters from Jean Tinguely to Paul Sacher and common friends, Bern 1996.
↘ Museum Jean Tinguely Basel: Die Sammlung, Bern 1996.
↘ Museum Jean Tinguely Basel: Eröffnungsausstellung 1996–1997, Basel 1996.
↘ Museum Tinguely Basel: Die Sammlung, Heidelberg 2012.
↘ Wyss, Benedikt: Dr Gross Bums, über Jean Tinguely und die Fasnacht 1974, in: Im Grossen das Kleine entdecken, Basel 2022, S. 82–85.

Vom Mutterkornpilz zu lebensrettenden Herzpräparaten

Niklaus Stoecklin, ‹Chemiebild› oder ‹Die neue Zeit›, 1940

Mit enormer Präzision verbildlicht Niklaus Stoecklin die Forschungen Arthur Stolls, der die Pharmazeutische Abteilung bei Sandoz aufgebaut und lebensrettende Medikamente entwickelt hat.

Stehen wir vor einer surrealen Versuchsanordnung oder einem tatsächlichen Labortisch? In altmeisterlicher Manier inszeniert Niklaus Stoecklin (1896–1982) eine Landschaft aus Laborgeräten und erzählt mit dem mehr als zwei Meter breiten Bild von den Leistungen des Leiters der Pharmazeutischen Abteilung des Basler Chemieunternehmens Sandoz. Um wen es auf diesem gemalten, modernen Fürstenlob geht, verrät das blaue Buch im Vordergrund mit dem Titel ‹The Cardiac Glycosides›: Sein Autor ist Arthur Stoll (1887–1971) und das Thema die herzwirksamen Glykoside, die der Chemiker aus dem Wolligen Fingerhut isoliert hatte.

Arthur Stoll und Sandoz' Pharmazeutische Abteilung. Arthur Stoll war 1917 zu Sandoz gekommen und hatte von da an die Pharmazeutische Abteilung als neuen profitablen Geschäftszweig etabliert sowie die Werbe- und Vertriebsorganisation für Medikamente entwickelt. Ab 1923 amtete der Wissenschaftler als Direktor von Sandoz, aufgrund seiner Forschungen erhielt er ganze achtzehn Mal die Ehrendoktorwürde. Stoll hatte nicht nur einen Sinn für das Verhältnis zwischen Biologie und chemischer Industrie, er war auch Sammler von Kunst. Stoecklins ‹Chemiebild› oder ‹Die neue Zeit› feiert Stolls Leistungen, ohne den Protagonisten direkt ins Bild zu rücken. Wie eine Gruppe von kleinen Spielzeughäuschen hat Stoecklin sechzehn verpackte, gut lesbar beschriftete Präparate aufgestellt. Unter anderem ist das Präparat Calcium Sandoz zu erkennen – ein Kassenschlager, vom Unternehmen 1927 zur Behandlung von Kalziummangel auf den Markt gebracht.

Meilensteine der Mutterkornforschung. Eine Vielzahl der hier dargebotenen Medikamente gehen auf Arthur Stolls Analysen des Fingerhuts und des Mutterkorns, eines parasitären Pilzes, zurück. Die Wirkstoffe beider Pflanzen – der Wollige Fingerhut und eine Roggenähre mit drei schwarzen Mutterkörnern sind links im Bild zu entdecken –

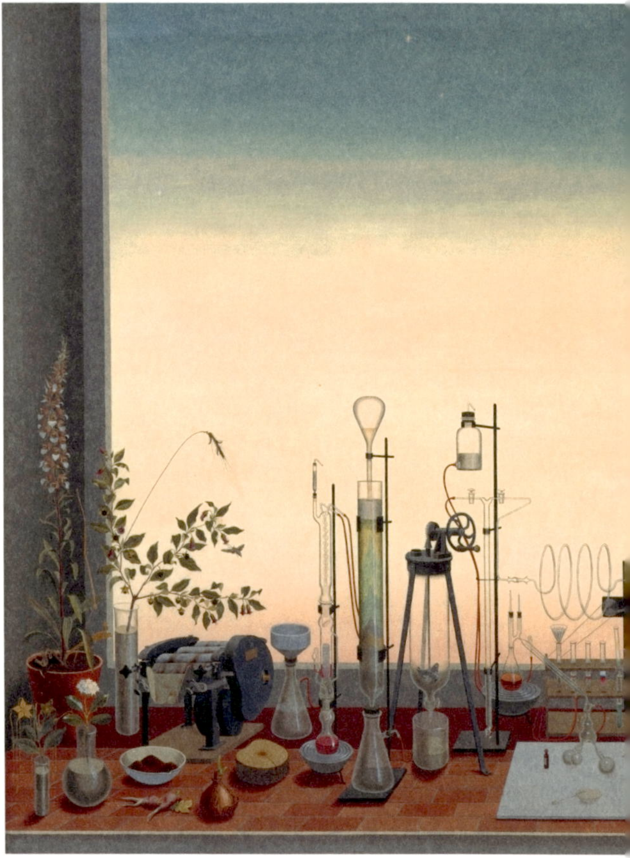

Niklaus Stoecklin, ‹Chemiebild› oder ‹Die neue Zeit›, 1940. Öl auf Leinwand, 141 × 221 cm. Firmenarchiv Novartis AG, Basel (Bestand Sandoz)

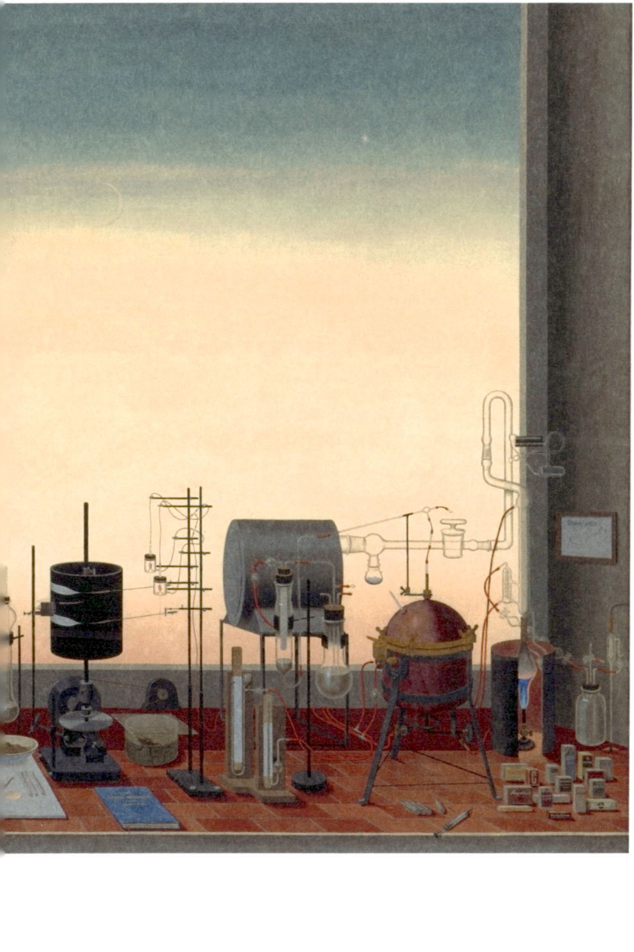

haben die Pharmazeutische Abteilung von Sandoz berühmt gemacht. Aus dem Mutterkorn hatte Stoll 1918 das Alkaloid Ergotamin isoliert und 1921 mit Gynergen Ergotamin ein Medikament auf den Markt gebracht, das Wehen einleitet, Nachgeburtsblutungen stillt und später auch als Migränemittel zum Einsatz kam.

Zu Stolls Abteilung gehörte seit 1929 der Chemiker Albert Hofmann (1906–2008), der 1938 das im Mutterkorn enthaltene Lysergsäureamid synthetisiert hatte und fünf Jahre später das bewusstseinserweiternde Halluzinogen LSD nachweisen konnte.

Pflanzen als Ausgangsstoffe für Medikamente. Im grossen Reagenzglas steht ein Zweig der Tollkirsche, in der Manier barocker Stillleben lässt Stoecklin kaum sichtbar einen Falter auf eine Blüte des mittleren Zweiges zufliegen. Im kleinen Reagenzglas vorn befindet sich die in Afrika beheimatete Pflanze Strophantus kombé mit feinen, von den Blütenblättern hängenden Fäden. Aus deren Samen hatte Stoll mit seiner Equipe den Ausgangsstoff für das Herzmedikament Strophosid isoliert. Der weiss blühende Brechwurzzweig daneben lieferte den Stoff für das Hustenmittel Ipedrin. Akribisch hat sich der Maler offenbar instruieren lassen, um Pflanzen und Produkte zueinander in Bezug zu setzen, ohne ihnen das Geheimnis ihrer Wirkung zu stehlen. Optalion gegen Schmerzen und Schlaflosigkeit, Scillaren fürs Herz, Raphabil für die Gallenblase oder Belladenal zur Beruhigung könnten die Vitrine einer Verkaufsplattform füllen. Doch

Stoecklins Raffinesse bietet Pflanzen und Präparate eigentlich als Requisiten auf – das eigentliche Schauspiel handelt vom Labor.

Die Skyline des Labortischs. Filternutsche, Soxhlet-Apparatur, Perkolator, ein Gerät zum Destillieren und eines zur Schmelzpunktbestimmung sowie ein Bunsenbrenner sind nur einige Utensilien dieses fantastisch anmutenden Laboratoriums. Die Dreiwalzenmühle hatte Stoll umfunktioniert, um Pflanzenbreie herzustellen. Dass der sogenannte Autoklav mit zwei angeschlossenen Manometern rechts einen Unterdruck erzeugt, illustriert Stoecklin in den zusammengesogenen Schlauchabschnitten. Das mit geschlämmter Saccharose oder Silicagel gefüllte Chromotografierohr trennt die Bestandteile des Blattgrüns mit dem Effekt eines ‹Reaktionsgewitters›. Dass es sich bei diesem Vorgang um einen Forschungsschwerpunkt Arthur Stolls handelt, erläutert die rechts in der Fensterlaibung hängende Darstellung, über der «Chloroplastin» steht, ein Begriff, den Stoll für eine bestimmte Chlorophyll-Lösung geprägt hatte.

Erst nach eingehender Betrachtung der Reagenzgläser, Gerätschaften und Ausgangsstoffe wird augenfällig, dass Stoecklins Hommage an Doktor Stoll eine Illusion sein muss. Stoecklin greift zur Verkleinerung, um die Vielzahl der Gerätschaften auf einer Tischplatte oder einem Fensterbrett zusammenzufassen. Eine Vorstudie weist nach, dass der Maler anfangs geplant hatte, im Hintergrund des ‹Chemiebilds› eine Fabrik darzustellen. Schliesslich liess Stoecklin die Architektur fallen: Sein Laboratorium ist eine kleine, gläserne Werkstatt – und simuliert doch selbst eine Fabrik, deren Silhouetten in einen offenen Himmel ragen.

Schlagende Froschherzen. Lange Zeiger an einer sich drehenden Trommel zeigen die Bewegungen von zwei Froschherzen auf, die in kleinen Behältnissen an einem Doppelstativ befestigt sind. Am Fusse der Stativstangen schwimmt ein Frosch in einer zugedeckten Glasschale. Experimente an isolierten Froschherzen demonstrieren damalige Methoden der Wissenschaft. An ihnen konnte etwa die Wirkung von Glykosiden erprobt werden. Eine Spritze lässt Stoecklin als Trompe-l'Œil über die untere Tischkante hinausragen.

Mitbegründer der Neuen Sachlichkeit. Stoecklin wuchs in einer Künstler- und Kaufmannsfamilie auf. Sein Onkel war der stadtbekannte Maler Heinrich Müller (1885–1960), der an der Allgemeinen Gewerbeschule eine ganze Künstlergeneration ausbildete. Auch von Plakatgestalter Burkhard Mangold (1873–1950) erhält Stoecklin früh Unterricht, dort nimmt seine Tätigkeit als Plakatgestalter ihren Anfang. In der Zeit nach dem Ersten Weltkrieg entwickelte der junge Maler den ihm eigenen, magischen Stil: Künstlerinnen und Künstler wandten sich einer kühlen, von handwerklicher Perfektion geprägten Malweise zu, welche die gesellschaftliche Stimmung dieser Jahrzehnte einzufangen versucht. Als die Mannheimer Kunsthalle unter dem Begriff ‹Neue Sachlichkeit› den ersten, verhaltenen Blick der Zeit in einer wegweisenden Schau mit über dreissig Künstlerinnen und Künstlern zusammenfasste, war Niklaus Stoecklin als einziger Schweizer dabei.

Öffentliche Aufträge. Stoecklin war jung, als er den ersten Wettbewerb des jüngst zur Förderung von Basler Kunst ins Leben gerufenen Kunstkredits für sich entscheiden und 1919 das Wandbild ‹Die Liebenden› fürs Zivilstandsamt realisieren konnte. Er hatte sich mit dem Ankauf seiner ‹Casa rossa› (1917) durch den Winterthurer Industriellen Georg Reinhart Respekt verschafft und war als origineller Gestalter zahlreicher Plakate aufgefallen. Die Firma Hoffmann-La Roche hatte ihn 1935/36 mit einem sechs mal sechs Meter grossen Wandbild im neu errichteten Verwaltungsgebäude beauftragt. Stoecklin reagierte darauf mit riesigen Arzneipflanzen vor der Silhouette einer Industrieanlage. Vier Jahre später bestellte die Sandoz AG das ‹Chemiebild› beim Künstler. In einem Brief schrieb Arthur Stoll an Stoecklin: «Es ist doch auch Ihre Absicht, nicht eine Dekoration, sondern ein Kunstwerk ersten Ranges von zeitlosem Wert zu schaffen.» (Lutz/Schmidhauser 2017, S. 141)

Stoecklins ‹Chemiebild› oder ‹Die neue Zeit› ist mehr als ein Werbebild für die Errungenschaften von Arthur Stoll und seinem wachsenden Unternehmen. Vielmehr schuf der Künstler einen poetisch-surrealen Augenblick, der zwei Zeitachsen magisch miteinander kreuzt – horizontal folgen wir dem Prozess von der Heilpflanze zum Präparat, vertikal geht die Nacht allmählich in den Tag über. Dabei lenkt Stoecklin unseren Blick vom Buch und vom Arbeitstisch übers Labor hinaus zu Mond und Sternen und dann ins flirrend helle Licht eines neuen Tages, in die neue Zeit.

↘ Dettwiler, Walter / Gafner, Philipp (Hg.): Von Basel in die Welt. Die Entwicklung von Geigy, Ciba und Sandoz zu Novartis, Zürich 2013.
↘ Hein, Wolfgang-Hagen / Würz, Hildegard: Die neue Zeit – ein Laboratoriumsbild von Niklaus Stoecklin, in: Geschichte der Pharmazie, 51. Jahrgang, Oktober 1999, S. 48–51.
↘ Lutz, Andrea / Schmidhauser, David (Hg.): Neu. Sachlich. Schweiz. Malerei der Neuen Sachlichkeit in der Schweiz, Ausst.-Kat. Museum Oskar Reinhardt Winterthur, Musée des beaux-arts La Chaux-de-Fonds 2017, Zürich 2017.
↘ Vögele, Christoph: Niklaus Stoecklin 1896–1982, Ausst.-Kat. Kunstmuseum Winterthur und Städtische Museen Freiburg, Museum für Neue Kunst 1996, Basel 1996.

Baloise Kunstsammlung
Aeschengraben 33
4051 Basel
www.baloiseart.com
↘ Miriam Cahn –
‹L.I.S./M.G.A. – Kastanien und andere Bäume
vor meinem Haus, die ich nicht verstehe›

‹Basel Line›
Verlängerung Singerstrasse in Richtung Adlerstrassse
4052 Basel
↘ Dare, Toast, Smash137 – Graffiti

Basler Münster
Münsterplatz 9
4051 Basel
www.baslermuenster.ch
↘ Galluspforte
↘ Bettina Eichin –
‹Marktplatzbrunnen Basel, z.B., 1. Nov. 1986, 00.19 h›

Dreyfus Söhne & Cie AG, Banquiers
Aeschenvorstadt 16
4002 Basel
www.dreyfusbank.ch
↘ Kurt Seligmann – ohne Titel
Kunstwerk nicht öffentlich zugänglich

Fondation Beyeler
Baselstrasse 101
4125 Riehen
www.fondationbeyeler.ch
↘ Thomas Schütte – ‹Hase›

Garten der Alten Universität
Rheinsprung 15
4051 Basel
www.stadtgaertnerei.bs.ch/stadtgruen/park-gruenanlagen
↘ Helen Balmer –
‹Metamorphose›

Historisches Museum Basel
Barfüsserkirche
Barfüsserplatz 7
4051 Basel
www.hmb.ch
↘ Unbekannt – ‹Geschlossener Liebesgarten›
↘ Chrischona Jeckelmann (zugeschrieben) – Darstellungen aus dem Alten Testament
↘ Alma Louise Rüdisühli –
‹Selbstporträt vor Staffelei›
↘ Kopie der Goldenen Altartafel
↘ Unbekannt – Votivtafel der Isabella von Portugal

Kunstmuseum Basel
St. Alban-Graben 16
4010 Basel
www.kunstmuseumbasel.ch
↘ Hans Holbein d.J. –
Doppelbildnis des Jacob Meyer zum Hasen und seiner Frau Dorothea Kannengiesser
↘ Emilie Linder – Bildnis der Baronin Auguste von Eichthal
↘ Konrad Witz – ‹Joachim und Anna an der Goldenen Pforte›
↘ Joseph Beuys – ‹The Hearth (Feuerstätte)› und ‹Feuerstätte II›
↘ Lenz Klotz – ‹Heuel›
↘ Walter Kurt Wiemken –
‹Das Leben›
↘ Walter Bodmer – ‹Drahtrelief›

Meret Oppenheim-Platz
4053 Basel
↘ Meret Oppenheim – ‹Die Spirale (der Gang der Natur)›

Musée de Cluny
Musée national du Moyen Âge
Rue Du Sommerard 28
75005 Paris
Frankreich
www.musee-moyenage.fr
↘ Goldene Altartafel

Museum Tinguely
Paul Sacher-Anlage 1
4058 Basel
www.tinguely.ch
↘ Jean Tinguely – ‹Grosse Méta-Maxi-Maxi-Utopia›

Naturhistorisches Museum Basel
Augustinergasse 2
4001 Basel
www.nmbs.ch
↘ Arnold Böcklin – Wandbilder

Novartis Campus
Fabrikstrasse 2
4056 Basel
www.campus.novartis.com
↘ Niklaus Stoecklin – ‹Chemiebild› oder ‹Die neue Zeit›
Kunstwerk nicht öffentlich zugänglich

Swiss Foundation for Young Musicians
Spalenvorstadt 25
4051 Basel
www.foryoungmusicians.ch
↘ Silvia Bächli – ohne Titel

Universitäre Psychiatrische Kliniken Basel
Personalmensa
Friedrich Miescher-Strasse
4056 Basel
www.upk.ch
↘ Muda Mathis und Sus Zwick – ‹Die Tankstelle›

Universitätsbibliothek Hauptbibliothek
Schönbeinstrasse 18–20
4056 Basel
ub.unibas.ch/de/ub-hauptbibliothek/
↘ Mary Vieira – ‹Polyvolume: itinéraire hexagonal métatriangulaire, à communication tactile›

↘ S. 14 und 15: Kunstmuseum Basel, Foto Martin P. Bühler (Inv. 312)
↘ S. 22 und 23: Historisches Museum Basel, Foto Maurice Babey
↘ S. 24: Historisches Museum Basel, Foto Allan Eaton
↘ S. 32 und 33: Foto Andreas Muster / © bei den Künstlerinnen
↘ S. 41: Historisches Museum Basel, Foto Philipp Emmel
↘ S. 48, 49, 50 und 51: © Kantonale Denkmalpflege Basel-Stadt, Foto Ruedi Walti
↘ S. 59: Kunstmuseum Basel, Geschenk von Carl Oswald und Wilhelm Oswald-Sarasin, Foto Martin P. Bühler (Inv. 1938)
↘ S. 67: Fondation Beyeler, Riehen/Basel, Foto Robert Bayer
↘ S. 73: Kantonale Denkmalpflege Basel-Stadt und Stiftung Basler Münsterbauhütte, Foto Peter Schulthess
↘ S. 80 und 81: RMN – Grand Palais (Musée de Cluny – Musée national du Moyen Âge), Foto Michel Urtado (Inv.-Nr. Cl. 2350)
↘ S. 92 und 93: Foto Christoph Gysin
↘ S. 98 und 99: Foto Adrian Falkner
↘ S. 106 und 107: Baloise Kunstsammlung / © bei der Künstlerin
↘ S. 115: Foto Ute Schendel
↘ S. 121: Kunstmuseum Basel, Geschenk von Louise Bachofen-Burckhardt, Foto Martin P. Bühler (Inv. 647)
↘ S. 127: Historisches Museum Basel, Foto Peter Portner
↘ S. 135: Foto Andreas Muster / © Orange County Citizens Foundation / 2023, ProLitteris, Zurich, für Werke von Seligmann, Kurt
↘ S. 141: Foto Andreas Muster
↘ S. 148 und 149: Kunstmuseum Basel, Foto Jonas Hänggi / © 2023, ProLitteris, Zurich
↘ S. 157: Foto Andreas Muster
↘ S. 163: Foto Serge Hasenböhler / © bei der Künstlerin
↘ S. 169: Kunstmuseum Basel, Ankauf mit Mitteln aus dem Schiess-Fonds, Foto Martin P. Bühler (Inv. 1959.12) / © beim Künstler
↘ S. 175: Kunstmuseum Basel, Ankauf mit Mitteln aus dem Schiess-Fonds, Foto Martin P. Bühler (Inv. 1801)
↘ S. 183: Kunstmuseum Basel, Vermächtnis Béatrice Dürst-Haass, Foto Martin P. Bühler (Inv. G 1993.4)
↘ S. 188 und 189: © Museum Tinguely, Basel, Foto Serge Hasenböhler / © 2023, ProLitteris, Zurich
↘ S. 196 und 197: Firmenarchiv Novartis AG (Bestand Sandoz, SA FOT 9.27.100)

Dank. Dieses Buch ist das Ergebnis der Zusammenarbeit von vielen Beteiligten. Für die ausgezeichnete Begleitung durch den Christoph Merian Verlag danke ich Iris Becher, Oliver Bolanz, Nataša Pavković, Andrea Bikle und Karin Matt. Besonders verbunden bin ich Isabel Zürcher für das exzellente Lektorat und fachliche Inputs sowie Christian Bertin für das Korrektorat. Für die Grafik danke ich Dorothea Weishaupt und Mara Solcà von Groenlandbasel sowie Andreas Muster für die Lithografie.

Für Auskünfte aus erster Hand, Anregungen und Unterstützung danke ich Andrea Amrein, Silvia Bächli, Silvio Bächtiger, Peter Breisinger, Monika von Falkenberg, Adrian Falkner, Isabelle Guggenheim, Stephan E. Hauser, Isabel Heusser, Kristin Hoschke, Hendrik Humpal, Irene Maag, Céline Manz, Muda Mathis, Ariane Mensger, Noah Regenass, Margret Ribbert, Alban Rüdisühli, Kaspar Rüdisühli, André Salvisberg, Melania Savino Nigsch, Jan Schleuniger, René Schraner, Claudius Sieber-Lehmann, Sabine Söll-Tauchert, Daniel Suter und Sus Zwick. Am meisten verdanke ich dem Engagement von Sibylle Völkin sowie meinen Eltern Gabriele Lucas und Ludwig Drees.

Zur Finanzierung trugen folgende Organisationen grosszügig bei: Christoph Merian Stiftung, Berta Hess-Cohn Stiftung, Freiwillige Akademische Gesellschaft Basel und Swisslos-Fonds Basel-Stadt. Ihnen gilt mein herzlicher Dank.

Über die Autorin. Die Kunsthistorikerin Jana Lucas promovierte an der Universität Basel zur Kunst auf dem Basler Konzil. Sie erarbeitet kunsthistorische Dokumentationen für Unternehmens- und Privatsammlungen und erstellt innovative Vermittlungskonzepte. In ihren Consultings für Unternehmen verknüpft sie Kunst und Wirtschaft unter dem Motto ‹Von der Kunst lernen›. Informationen zu Kunsttouren, Kursen, Angeboten für Unternehmen und Publikationen finden sich unter: www.janalucas.ch.

Impressum

Diese Publikation wurde ermöglicht durch Beiträge der Christoph Merian Stiftung, der Bürgergemeinde der Stadt Basel, der Freiwilligen Akademischen Gesellschaft und des Swisslos-Fonds Basel-Stadt.

Gedruckt mit Unterstützung der Berta Hess-Cohn Stiftung, Basel.

Bibliografische Information der Deutschen Nationalbibliothek: Die Deutsche Nationalbibliothek verzeichnet diese Publikation in der Deutschen Nationalbibliografie; detaillierte bibliografische Daten sind im Internet über http://dnb.dnb.de abrufbar.

Lektorat: Isabel Zürcher, Basel
Korrektorat: Christian Bertin, Basel
Gestaltung und Satz: Groenlandbasel, Basel
Lithos: Andreas Muster, Basel
Druck: Gremper AG, Basel/Pratteln
Bindung: Grollimund AG, Reinach BL
Schrift: Larish Neue Semibold
Papiere: Munken Polar white 115 g/m² (Inhalt),
Peyer Duchesse weiss (Überzug)

ISBN 978-3-03969-015-2
Auch als E-Book (PDF) erhältlich:
eISBN 978-3-03969-019-0

www.merianverlag.ch